El
ORÁCULO
DE LOS
ÁNGELES

LA TABLA DE ESMERALDA

El Oráculo de los Ángeles

AMBIKA WAUTERS

TRABAJANDO CON LOS ÁNGELES EN BUSCA DE GUÍA, INSPIRACIÓN Y AMOR

www.edaf.net

Madrid - México - Buenos Aires - Santiago
2020

Título original: *The Angel Oracle*
© 2022, Ambika Wauters (texto)
© Ilustraciones de las cartas, 2022: Warren Maddill / MEIKLEJOHN
© De la traducción, Manuel Algora
© 2022. De esta edición, Editorial EDAF, S.L.U., por acuerdo con Welbeck Non-fiction Limited, part of Welbeck Publishing Group
20 Mortimer Street,
London W1T 3JW
based in London and Sydney
www.welbeckpublishing.com

Diseño y composición: Diseño y Control Gráfico, S.L.

Editorial Edaf, S.L.U.
Jorge Juan, 68,
28009 Madrid, España
Teléf.: (34) 91 435 82 60
www.edaf.net
edaf@edaf.net

Ediciones Algaba, S.A. de C.V.
Calle 21, Poniente 3323 - Entre la 33 sur y la 35 sur
Colonia Belisario Domínguez
Puebla 72180 México
Telf.: 52 22 22 11 13 87
jaime.breton@edaf.com.mx

Edaf del Plata, S.A.
Chile, 2222
1227 Buenos Aires (Argentina)
edaf4@speedy.com.ar

Edaf Chile, S.A.
Coyancura, 2270, oficina 914, Providencia
Santiago - Chile
comercialedafchile@edafchile.cl

Queda prohibida, salvo excepción prevista en la ley, cualquier forma de reproducción, distribución, comunicación pública y transformación de esta obra sin contar con la autorización de los titulares de la propiedad intelectual. La infracción de los derechos mencionados puede ser constitutiva de delito contra la propiedad intelectual (art. 270 y siguientes del Código Penal). El Centro Español de Derechos Reprográficos (CEDRO) vela por el respeto de los citados derechos.

3.ª edición: Mayo de 2022

ISBN: 978-84-414-3768-5

IMPRESO EN CHINA   PRINTED IN CHINA

ÍNDICE

Introducción 6

Capítulo Uno Ángeles Pasados y Presentes 10

Capítulo Dos Las Cartas de Ángeles 15

El Cielo de la Forma 17
Los Arcángeles 20
Los Ángeles Guardianes 30
Los Príncipes Angélicos 48

El Cielo de la Creación 56
Los Poderes 60
Las Virtudes 66
Las Dominaciones 72

El Cielo del Paraíso 78
Los Serafines 82
Los Querubines 88
Los Tronos 94

Capítulo Tres Cómo Usar las Cartas de los Ángeles 100

Cómo preparar las cartas 100
Haciendo preguntas al oráculo 101
Cómo escoger un tipo de tirada de cartas 101
Interpretación de las cartas 102
Conclusión 110
Lecturas sugeridas 111
Agradecimientos 112

INTRODUCCIÓN

Bendito el hijo de la Luz
Que busca a Su Padre Celestial.
Pues tendrá vida eterna.
Aquel que mora en el lugar secreto del Altísimo
Permanecerá bajo la Sombra del Todopoderoso.
Pues pondrá sus Ángeles a tu cuidado,
Para protegerte en todo tu caminar.

EL EVANGELIO DE LOS ESENIOS

Los ángeles han sido nuestro vínculo con la Fuente Divina -el Origen último de toda la creación- desde el comienzo de nuestra búsqueda de los misterios de la vida y de la naturaleza de nuestra existencia. Son también un aspecto de nuestra relación con la Fuente que representa la intención total de bondad, pureza y luz.

EL ORÁCULO DE LOS ÁNGELES es una oportunidad de volver a encender la conciencia del puente que existe entre nuestras vidas ordinarias y el reino de la Divinidad. Es el resultado de mis muchos años de experiencia en el desarrollo de la clarividencia y la intuición, y el uso de herramientas adivinatorias como el I-Ching y las Runas. Aunque basadas en antiguos símbolos arquetípicos que representan la esencia de nuestra naturaleza, estas cartas abarcan también una presencia luminosa que nos ayuda guiándonos hacia una conciencia conocedora y amante. He tratado de instilar esa cualidad adivinatoria en un Oráculo que ofrece un sentido profundo y permanente del Sí, y que nos muestra cómo la Divinidad opera a través nuestro para ayudarnos a traer orden y claridad a nuestras vidas.

EL ORÁCULO DE LOS ÁNGELES surge de una curiosidad acerca de los ángeles, y de un sentido de amaravillamiento y deleite sobre el modo en que complementan nuestra realidad física y ayudan a que se desplieguen nuestras vidas. Los ángeles han sido parte de mi mundo desde los comienzos de mi infancia, y con el redespertar de mi «conciencia angélica» algo resonó en mis profundidades interiores con esta conciencia, y afirmó la presencia de los ángeles en mi vida.

INTRODUCCIÓN

He sido conmovida e inspirada profundamente por varios libros nuevos acerca de los ángeles. El que tuvo la influencia más profunda sobre mí, y que describo en el Capítulo Uno, fue *Hablando con ángeles*, de Gitta Mallasz. Tras leerlo no me cupo duda alguna de que los ángeles no eran simple romanticismo, ni creaciones de la Nueva Era que había que descartar. La certeza con que la gente joven describía en este libro que los ángeles los estaban guiando y protegiendo, me conmovió más allá de las palabras.

Tras leer un buen montón de libros sobre el tema, empecé a hacer un diario del modo en que los ángeles operaban en mi vida. Me conmocionó y asombró el diluvio constante de inspiración y guía que estaban a mi disposición cuandoquiera que me sintonizaba con ello. Aprendí a diferenciar a mi propio Ángel Guardián de los que me guiaron para crear EL ORÁCULO DE LOS ÁNGELES.

Conforme se desarrolló mi atención hacia los ángeles, empecé a advertirlos en cualquier sitio a donde mirara. Estaban tallados en los edificios seculares, al igual que en su lugar más obvio, las viejas iglesias. Los encontré en el libro de contabilidad de un herbolario, y en la portada de una revista de ámbito nacional. Convertí mi dormitorio en lo que denominé mi «Angelorium», y puse bellas imágenes de ángeles en las paredes. La atención hacia los ángeles se convirtió para mí en una realidad a tiempo completo. Empecé incluso a pintar y esculpir ángeles de nuevo, pero ya con un profundo deleite. Empecé a encontrarme con gente maravillosamente consciente que también había tenido experiencias con ángeles. Muchas son verdaderamente adorables y afables, y han enriquecido profundamente mi vida.

Utilizo las cartas de los ángeles para ayudarme en situaciones diferentes. Tal vez quiera inspiración en un problema que no sé muy bien cómo manejar, o saber cuál es la elección correcta para mi mayor gozo y mi bien más elevado. Al invocarlos, pido a los ángeles que revelen su amor y guía a través del mazo de cartas. Me asisten en mi trabajo, en mis relaciones, e incluso en mis finanzas. Me recuerdan que cuando dejo marchar mi ego, actúan como soporte y guía a través de mis temores o dudas. He aprendido a confiar en que saben más de lo que mi pequeña mente podría nunca intentar conocer y me revelan tendencias y eventos que invariablemente se desarrollan conforme a lo predicho.

La percepción de los ángeles se desarrolla tanto más cuanto más nos abrimos y confiamos en su poder de hacer nuestras vidas más felices y alegres. Fueron los ángeles quienes me ayudaron a comprender cuándo era el momento de jugar y dejar de luchar con la escritura, o con lo que fuera. Donde antes solía soportar largos ataques de culpabilidad por no hacer suficiente trabajo, encontré de repente mucho más fácil manejar mi tiempo de modo eficiente, de manera que pude escribir, estudiar, ver clientes, y aun tener la oportunidad de jugar. Los ángeles me enseñan constantemente a amarme a mí misma sin condiciones, como ellos me aman a mí. Este amor se extiende más allá de cualquier juicio que pudiera formular sobre mi valía o la falta de ella. Los ángeles me han guiado con delicadeza y humor a amarme y aceptarme, no importa qué.

Los ángeles pueden convertirse también en parte de tu realidad. Se requiere un corazón abierto y una mente amable y que no juzga para permitir que su gracia llene tu vida. Conforme empieces a familiarizarte con los diferentes tipos de guía angélica ofrecidos en EL ORÁCULO DE LOS ÁNGELES, quizá sientas su naturaleza dulce y amistosa, y sus espíritus generosos y guiadores. Están aquí para proporcionarte modos de encontrar tu disfrute y comodidad en la vida. Ofrecen apoyo y consuelo cuando te encuentras abandonado o solitario. Son un hombro simbólico en el que apoyarte cuando te sientes hundido o los tiempos son duros. Ante todo, te traen el amor y la luz incondicionales de la Fuente.

Mi esperanza e intención es que, familiarizándote con los ángeles del ORÁCULO DE LOS ÁNGELES, puedas encontrar estas cualidades dentro de ti, y aceptar la proyección de los ángeles como parte de tu propia Naturaleza Divina: en breve, que descubras tus propias cualidades angélicas. También confío en que llegues a encontrarte cómodo con la ayuda Divina disponible, llegando a soluciones y respuestas a cualquier cosa que busques en la vida.

Creo que la mayoría de las personas normales y corrientes no hemos tenido, quizá, experiencia directa de los ángeles. Pero ello no significa que no estén a nuestro alrededor; bien al contrario. Están funcionando, activos y presentes, y aguardando el cambio de nuestra conciencia que nos permitirá tocar el reino de su existencia. De nosotros depende que nos abramos a su vibración, y permitamos que su amor fluya en nuestras vidas. Podemos orar a nuestros ángeles en petición de ayuda y guía, y ofrecerles el agradecimiento por el bien que nos traen. También podemos pedir a ángeles específicos que nos ayuden a encontrar las soluciones y respuestas a nuestros problemas particulares.

No sé de nadie que no pudiera beneficiarse de un poco más de ayuda en el inseguro mundo de hoy en día. Las relaciones están poniéndose bajo una gran tensión conforme nos alejamos de la simplicidad, esforzándonos por conseguir más dinero, éxito, títulos y demás. Muchos de nosotros hemos perdido el contacto con nuestros ángeles guiadores y protectores. Podemos restablecer fácilmente y con gracia este contacto, cuando hacemos la elección simple de abrirnos a su luz de guía, que nos ha sido ofrecida gratuitamente. Lo que se nos pide a cambio es que abandonemos nuestros viejos y rancios guiones sobre cómo debería ser la vida y el modo en que deberíamos vivirla. Cuando abandonamos algunas de nuestras ideas preconcebidas, tenemos una oportunidad muy real de aclarar el camino a los ángeles para que entren en nuestras vidas y abran nuestros corazones. Todos tenemos un ángel guardián que nos vigila y protege. Tenemos la posibilidad de decir «hola» y «gracias» más a menudo de lo que pensamos. Este ángel siempre está ahí para nosotros. ¿Has tenido alguna vez la sensación de ser detenido para impedir un grave accidente, o de encontrarte haciendo lo oportuno en el momento correcto, incluso diciendo las palabras correctas y que mayor consuelo portan para ayudar a un amigo dolorido? Todo esto sucede con la ayuda de los ángeles.

Confía en tu Yo Superior para que te ponga en contacto con los ángeles. Puedes usar las cartas de los ángeles para ayudarte a encontrar la respuesta a preguntas acerca de tu vida. Puedes también usarlas como puente para familiarizarte mejor con los ángeles. Ellos quieren que llegues a conocerlos y confíes en ellos. Estar abierto a ellos es realmente abrirte tú mismo a tu bien más elevado y tu gozo más grande. Aguardan tu reconocimiento consciente de ellos. Pueden ofrecer a cada uno de nosotros la mejor ayuda, consejo, guía y protección que pudiéramos necesitar en esta vida. Cuanta más responsabilidad asumamos como cocreadores del universo, más nos ayudarán los ángeles a elevar nuestra conciencia a un nivel que conocemos como bienaventuranza. Están ahí para cantarnos, y para ayudarnos a encontrar nuestro gozo en el aquí y ahora, en nuestro cuerpo físico, en el planeta, allí donde nos hablemos.

EL ORÁCULO DE LOS ÁNGELES se desarrolló en años recientes, inspirado por los ángeles que me ayudaron a construirlo para mi propia guía y asistencia. Estoy encantada de compartirlo contigo, y confío en que te muestre posibilidades positivas e instructivas, de modo que puedas vivir tu verdad, encontrar el amor y andar tu camino de manera simple y fácil.

Capítulo Uno

ÁNGELES PASADOS Y PRESENTES

El alma, en su manifestación más elevada, es como Dios, pero un ángel nos da una idea más próxima de Él. Eso es todo lo que un ángel es: una idea de Dios.

MAESTRO ECKHART, SERMONES

Los ángeles están tan cerca de Dios como podamos imaginar. Nuestro conocimiento sobre dios proviene de la descripción que la gente ha dejado por escrito de sus experiencias luminosas y místicas. Han aparecido en los documentos de la civilización marcando acontecimientos en los que han tenido lugar tremendos cambios de la conciencia humana. Por ejemplo, vemos aparecerse ángeles a hombres y mujeres cuyo destino era conducir a otros hacia una mayor conciencia y responsabilidad moral.

Tenemos una enorme cantidad de escritos sobre la ayuda y asistencia de los ángeles a los judíos del Viejo Testamento, en su lucha por la libertad. La literatura hebrea tiene una firme comprensión acerca de la naturaleza del amor y la gracia que los ángeles confieren sobre la humanidad. Los ángeles, en hebreo, se llaman *Malach*. Las historias del ángel que visitó a Abraham para intervenir en favor de Isaac, o de los ángeles que ayudaron a Daniel y protegieron a Shadrach, Meshach y Abednego en medio del horno ardiente, son algunos de los relatos bíblicos favoritos.

El Apocalipsis y los apócrifos describen a los ángeles como mensajeros del Señor, utilizados por este para revelar su amor hacia la humanidad. San Lucas habla de la anunciación a María por el ángel Gabriel de la venida de Cristo. La palabra *ángel* se deriva del griego *angeloi*, que, significa «mensajero». Los ángeles son prominentes en el Corán, y ocupan un lugar importante en los textos sagrados islámicos. El Corán cuenta cómo Gabriel condujo a Mahoma al cielo una noche llena de estrellas, y le dictó todo el Libro. Este se considera un acontecimiento sagrado que marca la inauguración celestial de un código ético y sagrado para todos lo que siguen el Islam.

Tres de las principales religiones de la civilización moderna han ordenado y bendecido la presencia de los ángeles. Solo necesitamos hojear las antiguas escrituras -médula y fundamento de estas religiones-, para entender hasta qué punto los ángeles actuaron como mensajeros reveladores de Dios en el pasado. El modo en que esas enseñanzas, con sus numerosos milagros, pueden relacionarse con nuestro entendimiento de cada día, es a modo de telón de fondo para nuestras experiencias del día presente con estas maravillosas criaturas de luz. Confiamos en que las actitudes religiosas convencionales acerca de los ángeles no os desanimarán a abriros a la posibilidad de obtener la inspiración y el conocimiento sobre el amor y la curación que pueden dar a cada uno de nosotros. Los ángeles, de hecho, pertenecen a toda la humanidad, no a una religión en particular. Pueden servirnos como agentes del crecimiento personal y de la evolución espiritual. Lo único que necesitas hacer es dejar espacio a los ángeles en tu vida para que creen el contexto espiritual en el que desarrollar una capacidad de amar y ser amados.

Los ángeles pueden tener un lugar activo en nuestras vidas debido a que necesitamos que nos ayuden en nuestra relación con la Fuente. Asimismo, nos dan protección y guía, y pueden ayudarnos a realizar nuestro potencial creativo, ya que hacen nuestro camino fácil y llano. Ayudan eliminando los obstáculos a nuestro bienestar y felicidad. En tiempos modernos, dos pensadores fuertemente influyentes, Emanuel Swedenborg y Rudolf Steiner, han ayudado a desviar nuestra idea de los ángeles desde una visión religiosa a una visión humanística. Emanuel Swedenborg fue un filósofo sueco del siglo dieciocho. Tuvo profundas experiencias místicas durante las cuales, atestigua, fue llevado al reino de los Cielos y contempló las jerarquías celestiales. Describió en sus escritos el amor y la armonía perfectos del reino angélico. Dijo que los ángeles tenían hogares y vivían en perfecta armonía y paz. Los ángeles, desde luego, tenían una existencia bienaventurada. De acuerdo con Swedenborg, se casaban y cohabitaban, y sus vidas no eran diferentes a las nuestras, excepto que vivían sin pugna o conflicto, y nunca tenían que esforzarse por nada. Mírese por donde se mire, esta es una visión adorable del Cielo, y algo que podemos aspirar a transponer a nuestra existencia terrestre.

Swedenborg describió los actos de amor y caridad que llevaban a cabo los ángeles. Dijo que nunca se sentían más bienaventurados que cuando enseñaban u ofrecían guía y cuidado: «Son la imagen del Señor, es así que aman a su prójimo más que a sí mismos, y, por este motivo, el cielo es el cielo».

A principios del siglo XX Rudolf Steiner, científico y filósofo alemán, estudió todas las formas de las ciencias esotéricas. Tuvo un profundo amor y comprensión de los ángeles. Steiner entendió que el propósito de los ángeles estaba en ser instructores espirituales que ayudan a la humanidad a alcanzar un nivel superior de espiritualidad y desarrollo interno. Dijo que cuanto más evolucionábamos como seres espirituales, más nos conectábamos con los reinos angélicos. Creía, por ejemplo, que el arcángel Miguel era el ángel guía de nuestra Nueva Era, y que ayudaría a la humanidad a salir del estado caótico y falto de espíritu en que se había sumido, para ir hacia una era de mayor luz y conciencia espiritual.

Una importante parte de los escritos de Steiner es su descripción de cómo los ángeles se comunican con nosotros. Dijo que esto se hacía a través de imágenes. Steiner dice que necesitamos desarrollar la imaginación y la intuición a fin de descifrar lo que los ángeles desean revelarnos. De hecho, podemos trabajar con ello para liberar nuestra negatividad y desatar nuestros esquemas mentales acerca de la realidad física. Esto nos ayuda a desarrollar nuestro pensamiento intuitivo y a expandir nuestra capacidad creativa. Meditar en lo angélico aclara patrones negativos de pensamiento, de modo que estamos abiertos a recibir los mensajes celestiales, canalizados a través del hemisferio derecho del cerebro. Este hemisferio, que evalúa y sintetiza la información, reúne la información y hace imágenes de ella. Es la parte del cerebro que recibe estimulación en forma de música, color y tacto. Opera a partir de imágenes y símbolos, de modo que las conclusiones, más que los resultados, adoptan una cualidad metafórica. Es discriminativo más que enjuiciador. Es inclusivo, no exclusivo; y el hemisferio izquierdo divide y descompone la información a través de procesos analíticos, el derecho pega la información en un patrón cohesivo y comprehensivo.

Gracias a él obtenemos acceso a las imágenes angélicas que recibimos. Es por ello importante obtener placer y deleite en el arte, la música y la danza, así como en el tacto. Nos abre a la parte de nosotros que alcanza la Fuente a través de la experiencia directa. Hemos de buscar un equilibrio entre ambos hemisferios, para ser capaces de usar nuestro cerebro.

Steiner creía que cada imagen que se nos da era parte de una visión codificada de nuestra felicidad última. Cuanto más desarrollásemos nuestra intuición, más capaces seríamos de extrapolar esta información, hacer elecciones claras y vivir así vidas sanas y ordenadas, sirviendo en todo momento al bien más alto que podemos y ayudando a la humanidad a evolucionar. Steiner creía que el propósito de la enseñanza angélica era triple. Creía que cada persona encontraría su propio vínculo con la divinidad; cada persona llegaría a vivir en libertad, honrando a la Fuente Divina de su interior y del interior de sus hermanos los hombres.

En su libro *Hablando con ángeles*, que mencioné en la Introducción, Gitta Mallasz nos ofrece una extraordinaria visión de cómo los ángeles transformaron las vidas de cuatro personas jóvenes, incluyendo la de ella misma, la única en sobrevivir, que se ocultaron en una pequeña aldea húngara durante la Segunda Guerra Mundial. El rasgo particularmente llamativo del libro es que describe el infierno en vida al que estaban sometidas estas personas, y la paz y tranquilidad internas que eran capaces de alcanzar debido a su contacto regular con los ángeles. Este contacto era canalizado a través de una sesión con uno de los cuatro, una vez por semana, durante dieciocho meses. Les proporcionó su sustento espiritual en una época de casi total desesperación global. Gitta Mallasz, ahora anciana, vive en Francia, y ocasionalmente habla en la radio sobre el tema de los ángeles.

La escritora americana Terry Lynn Taylor escribe sobre los ángeles de un modo que aparta los sobretonos religiosos, y nos muestra, en cambio, la luz y el amor que tan ávidos están de ofrecernos. Sus libros nos conducen al núcleo de por qué nos volvemos hacia los ángeles en busca de guía y protección. Simplemente afirma que están aquí para traernos nuestro gozo. Gustav Davidson, otro escritor moderno, era un académico cuyo interés por los ángeles fue profundo. Escribió un *Diccionario de ángeles* que nos proporciona un rico conocimiento e información acerca de estos seres celestiales. Su interés se extendió a lo largo de muchos años de investigación. Estamos profundamente en deuda con él por su prodigiosa investigación sobre un tema que le proporcionó gran gozo. También ayuda a eliminar de los ángeles las asociaciones puramente religiosas, trayéndolos a la luz de la conciencia cotidiana. Confiaba en que cualquiera que disfrutase conociendo acerca de los ángeles encontrase en su obra una guía práctica y útil.

Los ángeles nos ofrecen la oportunidad de amar nuestro Sí. Nos conducen a la esencia misma de nuestras vidas, enseñándonos que cuando nos amamos a nosotros mismos seguimos nuestra verdad más elevada. Nos ayudan a madurar como personas responsables y amantes, capaces de vivir desde un lugar de serenidad y paz. Nos ayudan a descubrir quiénes somos realmente en lo profundo de nuestro ser, así como el modo de vivir como personas creativas y completas. Casi toda la literatura moderna sobre los ángeles nos ofrece esta perspectiva, dando a conocer la esencia de lo que los ángeles tienen que compartir con nosotros en nuestra vida ordinaria de cada día.

El doctor H. C. Moolenburgh, de Holanda, ha escrito dos libros sobre la experiencia de la gente con los ángeles. Hay muchos otros relatos de personas que comparten sus encuentros personales con ángeles, y describen cómo fueron ayudadas. Algunos son milagrosos y extraordinarios, otros son sencillos, y revelan cuán fácilmente pueden los ángeles venir a nuestras vidas cuando estamos abiertos a su amor, sabiduría y guía.

La creencia en los ángeles es claramente un elección personal. Habitan en el reino de lo invisible. Sus acciones, sin embargo, se experimentan en forma de energía que se manifiesta físicamente y se expresa como una realidad viviente. ¿Cómo sabemos si algo es real? Vemos los resultados de su poder. Cuando un coche evita golpear a un niño en el último instante, o la ayuda para un problema surge de pronto de la nada, estoy segura de que estamos teniendo que ver con lo angélico. La inspiración proviene de un lugar más elevado que el que puede ofrecer nuestra mente racional y consciente. Podemos emplear nuestro hemisferio cerebral analítico, el izquierdo, para evaluar nuestras experiencias, pero cuando empezamos a abrir nuestras mentes a otra posibilidad, la de una realidad que es propiciada por la guía y el amor angélicos, podemos encontrar ayuda cuando estamos afligidos, y la respuesta a problemas que parecen insondables. En un momento así empezamos a dejar entrar la belleza de los ángeles.

La información acerca de los ángeles puede ser útil, pero no es necesaria para establecer contacto con ellos. Cuanto más puedas abrirte a experimentar los ángeles en tu vida, más te familiarizarás con dios. Los libros pueden ayudarnos a compartir las experiencias de otra gente, pero no son un sustituto para nuestra propia percepción personal. En verdad, los ángeles nos piden desarrollar nuestros dones intuitivos, de modo que podamos entender mejor lo que esperan enseñarnos. Cuando empiezas a confiar en tu corazón y a honrar todos tus sentimientos como expresiones legítimas de ti mismo, los ángeles pueden alcanzar más rápidamente tu mente y tu corazón. Esto significa que confías en ti mismo y, primero y sobre todo, que respetas tu experiencia. A menudo es la gente simple con experiencias muy poco complicadas la que encuentra fácilmente a los ángeles. De modo que apártate momentáneamente de tu modo racional de mirar el mundo, propio del cerebro izquierdo, y muéstrate gustoso de abrir tus sentidos y tu intuición a otro modo de percibir que te permite destapar las maravillas de la conciencia universal. El amor de los ángeles y el gozo del ser puro están aguardándote.

Capítulo Dos

LAS CARTAS DE ÁNGELES

Los ángeles son la economía del mundo visible. Los considero como la causa real del movimiento, la luz y la vida, y de esos principios elementales del universo físico que, en su desarrollo para nuestros sentidos, nos sugieren la noción de causa y efecto, y de lo que se denominan las leyes de la naturaleza.

CARDENAL NEWMAN

Esta introducción a las cartas de ángeles comprende una descripción de los ángeles y de sus funciones celestes y terrestres. Las cartas se han diseñado para que correspondan con las tres jerarquías del Cielo: el Cielo de la Forma, relacionado con nuestra vida material de cada día; el Cielo de la Creación, que exalta los asuntos y las relaciones humanos, y el modo en que la humanidad trata a sus hermanos los hombres; y el Cielo del Paraíso, que nos muestra cómo podemos participar como cocreadores del Universo junto con la Fuente. Las cartas de los tres Cielos pueden ser reconocidas por la decoración del borde. A fin de ayudarte a conocer las cartas de los ángeles, sugeriría que las clasifiques en tres jerarquías, siguiendo el orden dado en este capítulo, y que empieces a familiarizarte con ellos. Tus primeras impresiones son importantes. Lee la afirmación de cada carta -la esencia del ángel y su significado- y estudia su imagen. Confía en tus instintos acerca de las cartas, y luego lee sobre ellas. De este modo tus propias impresiones sobresaldrán y serán importantes para ti, y las cartas te serán una excelente herramienta adivinatoria.

Cada nivel del Cielo tiene tres tipos de ángel. El Cielo de la Forma contiene la protección y el amor de los Arcángeles. Nuestros Ángeles Guardianes personales y los Príncipes Angélicos que rigen localidades geográficas específicas, también moran en este dominio. El Cielo de la Creación contiene las energías tiernas y misericordiosas de Poderes, Virtudes y Dominaciones. Estos son los ángeles que afectan directamente a la naturaleza espiritual de las relaciones humanas. Nos ofrecen cualidades como la paz, la serenidad y la armonía. Nos ayudan a aceptar en nuestras vidas la reconciliación y la misericordia, y nos ayudan a encontrar el perdón en nuestros corazones. El Cielo del Paraíso contiene las gloriosas y poderosas energías de Serafines, Querubines y Tronos. Estos son lo ángeles del amor, la sabiduría y la gloria.

La jerarquía del Cielo es definida por el grado de amor y consciencia dentro de cada dominio. Igual que nosotros evolucionamos espiritualmente sobre el plano terrestre, también los ángeles evolucionan de un nivel a otro, expandiendo su conciencia y amor. Se allegan más cerca de la Fuente a través del amor y la caridad. Actuando como mensajeros de Dios, traen la luz universal del amor a la conciencia de todos los seres. Sirven a la Fuente ayudándonos a evolucionar como seres valiosos; criaturas de luz y amor.

Cuando usamos las cartas de ángeles a modo de oráculo, estamos invocando las energías combinadas y la conciencia de todos los Cielos. Estamos pidiendo a toda la jerarquía celestial que nos ayude a encontrar soluciones para nuestros problemas, y nos dé inspiración sobre nuestras vidas y sobre los procesos emocionales y espirituales por los que podamos estar pasando. Los ángeles están ahí para ayudarnos a que nos conectemos de nuevo con la Fuente. Están a nuestra disposición, y podemos invocarlos en cualquier momento.

EL ORÁCULO DE LOS ÁNGELES no pretende tener la respuesta a todos nuestros problemas. Puede, no obstante, ofrecerte una herramienta para que puedas ascender hasta contactar la guía y amor de nuestros amigos divinos. Conforme repases las cartas y te familiarices con las cualidades de los diferentes ángeles, puede que te llame la atención el alto nivel de amor que pueden traernos. Cada nivel del Cielo tiene su propia función específica. Dependiendo de tu propia necesidad especial de guía y ayuda, busca qué ángeles resuenan con tu problema o asunto particular.

En diferentes momentos de tu desarrollo puedes estar invocando diferentes ángeles para obtener su ayuda y guía. Si tus problemas giran en torno a cuestiones materiales, por ejemplo, cómo abrirte camino en el mundo o cómo ganarte la vida haciendo algo que te dé placer y gozo, podrías buscar la asistencia de uno de los Arcángeles o de tu Ángel Guardián. Si, por otro lado, tus asuntos particulares se centran en las relaciones y tienen que ver con tu papel frente a diferentes personas o una persona específica, tal vez extraigas las cartas del Cielo de la Creación.

Las jerarquías del Cielo te ofrecen un patrón con el que medir tu propio nivel de consciencia y de capacidad para la espiritualidad. Confía en que conforme tu fe en los ángeles se expanda, ellos te ayudarán a alcanzar niveles más elevados de amor y gozo.

El Cielo de la Forma

El Cielo de la Forma es el primero de los tres niveles del Cielo, y los Ángeles de este dominio, los Arcángeles, Guardianes y Príncipes Angélicos son los más próximos a la humanidad. Son nuestro contacto primario con los dominios angélicos, y nos dan asistencia tanto personal como transpersonal para traer orden y felicidad a nuestras vidas.

Su propósito es ayudarnos a comprender que la Divinidad se halla en cada uno de nosotros y todo lo que nos rodea. Dan el espíritu de amor y protección que es vital para la alimentación de nuestras almas en este plano terrenal. Sin un contexto espiritual para enmarcar nuestras experiencias mundanas, quedaríamos despojados. Cuanto más escogemos el amor en nuestras vidas, más nos alineamos con los dominios celestiales.

Los Arcángeles

Los Arcángeles son mensajeros enviados por la Divinidad a los hombres. Ofrecen sustento e inspiración espirituales. Nos proporcionan revelación y nos suministran las herramientas necesarias para nuestro desarrollo espiritual. Nos ofrecen la cualidad más elevada de ayuda y amor celestiales que podamos usar en nuestras vidas diarias. Se nos da su luz y fuerza para guiarnos de vuelta al poder de nuestro interior, a través del cual podemos convertirnos en cocreadores del universo junto con la Fuente. Son, en efecto, protectores de la humanidad y tienen funciones específicas que ayudan al espíritu colectivo y universal de la raza humana.

Dada su capacidad de penetrar la sustancia material, los Arcángeles transforman la energía terrestre y nos recuerdan las limitaciones de nuestras pequeñas mentes y la realidad sin límites de la Divinidad. Cuando aceptamos su presencia, estamos invitando a los milagros a que entren en nuestras vidas. A lo largo del tiempo la gente se ha vuelto hacia los Arcángeles en busca de socorro y apoyo. Una antigua oración judía invoca su ayuda:

A Dios Todopoderoso,
Señor de Israel,
Que Miguel esté a mi derecha,
Gabriel a mi izquierda,
Rafael delante de mí y
Detrás de mí Uriel,
y por encima de mí la Divina Presencia de Dios.

Los Ángeles Guardianes

Mientras que los Arcángeles reinan sobre toda la humanidad, los Ángeles Guardianes se unen a individuos y vigilan el crecimiento espiritual de los individuos a lo largo de sus vidas, y protegen y defienden sus almas. Cada ángel puede haber estado con un alma concreta durante muchas vidas, ayudando a ese individuo a reunir las lecciones de cada vida hasta que, finalmente, sabe que es uno con Dios. Ese conocimiento se denomina *iluminación*.

Nuestro Ángel Guardián bendice todo lo que hacemos para cuidar de nuestro bienestar espiritual, bien con una práctica espiritual exigente que nos dé paz o serenidad, bien ser algo tan simple como animarnos a jugar al disco volador. La diversión y el juego infantiles pueden ser tan satisfactorios para el alma como la meditación o de terapias de autoayuda.

En EL ORÁCULO DE LOS ÁNGELES el Ángel Guardián representa las diferentes etapas de desarrollo por las que pasamos en nuestras vidas. Son un símbolo de los pasajes que recorremos según maduramos y nos desarrollamos en nuestro sendero. Podemos recurrir a estos Guardianes en busca de guía y ayuda siempre que estemos estancados o bloqueados en nuestra vida. Nos aman y quieren incondicionalmente. Su ayuda está disponible en cualquier momento en que nos abramos a aceptar su presencia Divina.

Alexander Carmichael encontró una bella oración a un Ángel Guardián en las islas de Escocia:

El Ángel Guardián

Tú, ángel de Dios, que estás a cargo de mí,
Desde el querido Padre de la misericordia,
Hasta el Rey pastor del aprisco de los santos,
Haz la ronda alrededor de mí esta noche,

Aparta de mí toda tentación y peligro,
Rodéame en medio del mar de injusticia,
Y en los pasos angostos, retorcidos y tortuosos,
Mantén mi barquilla, manténla siempre.

Sé una llama brillante delante de mí,
Sé una estrella que me oriente encima de mí,
Sé un suave sendero delante de mí,
y sé un benévolo pastor detrás de mí,

> *Hoy, esta noche y siempre.*
> *Estoy cansado y soy extranjero,*
> *condúceme a la tierra de los ángeles;*
> *Pues es tiempo de ir al hogar*
> *A la corte de Cristo, a la paz del Cielo.*

Los Príncipes Angélicos

Los Príncipes Angélicos son los protectores, ayudantes y guías de las razas, naciones y ciudades. De ellos se dice en la Biblia que tenían una influencia fuerte y poderosa sobre el destino de grandes masas de gente. Representan el espíritu colectivo de diferentes tipos de humanidad y su presencia combinada equivale al espíritu de un lugar. Una cita adorable que describe bien al Príncipe Angélico es una una cita del poema *Ángeles rodeados por Paysan*, de Wallace Stevens:

> *Sin embargo, soy el necesario ángel de la tierra,*
> *Dado que, en mi vista, ves de nuevo la tierra ...*

Los Príncipes Angélicos ayudan a la humanidad otorgando bendiciones y guía siempre que esté implicado el bienestar de las naciones. Estos espíritus están para ayudar a la humanidad a resolver esos asuntos fundamentales que influencian el destino de las multitudes. Los Príncipes Angélicos tratan de relacionar las decisiones de los gobernantes con los conceptos universales de verdad y justicia.

En EL ORÁCULO DE LOS ÁNGELES, los Príncipes Angélicos se utilizarán para denotar las cuatro direcciones de la brújula, los cuatro elementos de la naturaleza, y las cuatro funciones psicológicas que componen la mente consciente: pensamiento, sentimiento, sensación, e intuición. De este modo, los Príncipes Angélicos se relacionan directamente con cada uno de nosotros y con nuestras vidas. Se centran en los aspectos psicológicos del mundo tridimensional y pueden ayudarnos a comprender la esencia de nuestras situaciones.

El Arcángel
METATRÓN

El Arcángel **METATRÓN**
ESTOY UNIDO CON LA FUENTE DE TODA BONDAD, AMOR Y CREATIVIDAD

Metatrón se nos muestra como el más terrenal de los Arcángeles, pues hubo un tiempo en que fue un hombre sabio y virtuoso arrebatado por Dios al Cielo. Va ricamente ataviado, y sostiene una pluma en la mano con la que registra nuestras acciones en el Libro de la Vida. Tiene la capacidad de ayudarnos a conocer la verdadera medida de las cosas.

REINO ANGÉLICO
Arcángel del Cielo de la Forma

FUNCIÓN CELESTIAL
Anotador del *Libro de la Vida* y escriba de todos nuestros actos

DONES PARA LA TIERRA
Nos ayuda a encontrar la medida apropiada para todo lo que hacemos; actúa como testigo del bien que hacemos y del amor que damos; nos ayuda a comprender nuestro potencial como seres humanos amorosos y valiosos.

Metatrón es el único ángel dentro de las esferas celestiales que fuera en un tiempo humano. Se le conocía como Enoc, y era el séptimo Patriarca después de Adán. Se ha escrito que «caminó con Dios» y fue arrebatado a los Cielos, donde fue convertido en Arcángel. En las escrituras judías se especula que él sea Shekinah, el ángel que condujo a los hijos de Israel fuera del desierto, así como que fue Metatrón quien detuvo a Abraham, impidiendo que sacrificara a Dios su hijo Isaac.

Metatrón también es conocido como el primero y el último de los Arcángeles, y recibe diversas denominaciones como Canciller del Cielo, Ángel de la Alianza y Rey de los Ángeles. Su función celestial es la de supervisar la anotación de todos nuestros actos en el *Libro de la Vida*.

Está encargado de apoyar la vida y los actos humanos como puente entre la Divinidad y la humanidad. Podemos buscar su consejo pidiéndole que nos ayude a encontrar la medida apropiada para cada acción que emprendamos en nuestras vidas. A un cierto nivel esto significa ayudarnos a encontrar el equilibrio entre lo que damos y lo que guardamos para nosotros mismos. Esto nos permite mantener límites bien definidos, y conservar, por tanto, un claro sentido de nosotros mismos, tan necesario si hemos de tener éxito en llevar a cumplimiento nuestro potencial dentro del mundo de la forma.

Metatrón puede ayudarnos a encontrar la medida en el amor, el trabajo y el recreo, para llevar vidas equilibradas y saludables, ricas en armonía y serenidad; será un testigo del bien que hagamos, quizá de esos actos de amor o benevolencia no reconocidos por los demás; puede ayudarnos cuando ponemos esfuerzo y trabajo en hacer algo, sea lo que sea: cualquier cosa, desde tratar de que una relación funcione, perder peso, o abandonar un hábito adictivo o perjudicial, hasta incluirnos de lleno en una causa o esfuerzo en equipo.

Podemos orar al Arcángel Metatrón para que guíe nuestros esfuerzos y nos ayude a encontrar la medida correcta para nuestro rendimiento y actividades, así como pedirle en nuestra meditación que nos asista en saber cuándo puede ser ya bastante, o cuándo necesitamos hacer más por nosotros mismos o por los demás.

El Arcángel
MIGUEL

El Arcángel **MIGUEL**
REPRESENTO LA JUSTICIA Y LA VERDAD.
VIVO POR MI INTEGRIDAD

Miguel es el guerrero cuya luz triunfa sobre las tinieblas de la negatividad. Se le pinta portando una balanza para pesar las almas el Día del Juicio Final, así como una espada para someter a Satanás y a los poderes de las tinieblas. Se le ve matando al dragón. La leyenda de San Jorge se deriva directamente de él.

Reino Angélico
Arcángel del Cielo de la Forma

Función Celestial
Comandante en jefe de los Ejércitos Celestiales

Dones para la Tierra
Puede ayudarnos a mantenernos fuertes frente a la adversidad; a resolver nuestra negatividad personal; a encontrar fuerza cuando estamos solos o nos sentimos como extraños

El nombre de Miguel se traduce del hebreo *Mikael*, «Semejante a Dios». Es el Arcángel que invocamos en nuestra batalla contra la negatividad. Nos ayuda a encontrar la luz de nuestro interior. Históricamente es el protector tanto de Israel como de la Iglesia católica. Es el santo patrón de los policías, los soldados y los niños pequeños, y vela también a peregrinos y extranjeros. Es el guerrero ígneo, el Príncipe de los Ejércitos Celestiales, que combate por el derecho y la justicia, y da guía a todos aquellos que se encuentran en terribles apuros. Miguel es también el portador de la paciencia y la felicidad.

Se le asocia con el elemento fuego, lo que simboliza la quema de lo transitorio, de modo que solo la luz pura y esencial pueda brillar. Se le denomina el benevolente Ángel de la Muerte, porque nos trae la liberación y la inmortalidad. Es el Ángel de las Cuentas Finales y el Pesador de las Almas.

Miguel es considerado el más grande de todos los ángeles en las religiones judía, cristiana e islámica. Se le conoce bajo diversas denominaciones como el Que Guarda las Llaves del Cielo; Jefe de los Arcángeles; Príncipe de la Presencia; Ángel del Arrepentimiento, la Rectitud, la Misericordia y la Santificación; Príncipe Angélico de Israel; Guardián de Jacob y Ángel de la Zarza Ardiente. Es un incansable campeón del bien, y siempre apoya al oprimido. Miguel rige al luchador solitario, siempre está echando una mano para ayudar a aliviar las disputas y los problemas.

Podemos orar a Miguel para que nos ayude a conquistar nuestra negatividad. Siempre que nos quedemos «clavados», él podrá asistirnos elevando nuestro espíritu hacia una visión más perdurable de la vida. Él está ahí para guiarnos y protegernos contra la injusticia, y para ayudar a abrirnos a lo eterno y duradero. Podemos pedirle que nos ayude en cualquier situación en que nos sintamos abrumados, o solos y necesitados de apoyo.

— ✶ —

El Arcángel
GABRIEL

El Arcángel **GABRIEL**
ME PLAZCO EN EL MENSAJE DE AMOR,
HERMANDAD Y LIBERTAD

Gabriel se pinta sosteniendo un lirio, que representa la pureza y la verdad. A veces se le ve con pluma y tintero, simbolizando su función como el comunicador celestial de la Palabra de Dios. También puede vérsele sosteniendo un cáliz dorado que recuerda fuertemente al Grial.

REINO ANGÉLICO
Arcángel del Cielo de la Forma

FUNCIÓN ANGÉLICA
Representar la verdad y pasar la palabra de Dios

DONES PARA LA TIERRA
Puede ayudarnos a expresar nuestra verdad abierta y honestamente
a respetar y honrar nuestra individualidad; a atender nuestra
intuición y nuestra voz interior

Tradicionalmente, Gabriel es el mensajero de la Palabra de Dios. Su nombre significa «Dios es mi Fortaleza». Anuncia el misterio de la encarnación a todas las almas antes de que nazcan, y nos instruye a todos sobre cuáles serán nuestros talentos y tareas en este mundo. Es el santo patrón de los niños pequeños, y cuida y nutre al niño que hay en cada uno de nosotros, un niño que puede ser detenido en su crecimiento o herido y necesitado de amor. Nos guía a liberar nuestro niño interior con palabras de ternura y amor. Su mano guiadora está siempre ahí para proteger lo que hay de natural y puro en nuestro interior.

Todas las religiones honran a Gabriel como el más poderoso mensajero de la Fuente. Nunca se cansa de pasar la Palabra de Dios a quienes desean escucharla y honrar a la Fuente de su interior. Se le conoce como el Embajador Jefe ante la Humanidad, el Ángel de la Revelación, el Portador de las Buenas Nuevas, el Juicio y la Misericordia. Es el Ángel del Gozo y el Espíritu de la Verdad.

Gabriel nos ayuda a encontrar la sabiduría que hay en nuestros cuerpos físicos, y a conocer nuestras verdades personales. Respeta la individualidad absoluta de cada persona. Puede ayudarnos a vivir fielmente nuestras verdades, honrando nuestros talentos y dones, así como a encontrar el coraje necesario para vivir a partir de ese conocimiento profundo de nuestro interior que respeta nuestras capacidades otorgadas por Dios, y a conseguir desarrollar nuestros dones individuales y a expresarnos plenamente.

La quintaesencia del don que Gabriel nos da es el de alimentar nuestra fortaleza y convicción de que cada uno de nosotros está haciendo una valiosa contribución al desarrollo espiritual de la humanidad por el simple hecho de ser quien somos. Está a nuestra disposición para ayudarnos a comprobar la verdad en situaciones en las que existe un conflicto entre lo que creemos correcto y lo que se presenta como la verdad. Nos ayuda a ver lo que es real para nosotros en toda situación en la que requiramos nuestro discernimiento e intuición para dirigirnos y guiarnos. Gabriel ilumina el camino hacia la verdad del interior de nuestros corazones, y nos ayuda a ver cuál es el sendero correcto a seguir para nuestro bien más elevado y nuestro más grande gozo.

El Arcángel
RAFAEL

El Arcángel **RAFAEL**
SOY CURADO Y FORTALECIDO
POR EL PODER DEL AMOR DIVINO

A Rafael se le ve caminando con un báculo o caduceo con una serpiente enroscada, que simboliza la curación. Porta una calabaza con agua y frente a él salta el pez de la curación. A menudo se le muestra con su dedo índice derecho apuntando al Cielo, en un gesto de reafirmación y esperanza, recordándonos de dónde proviene la curación verdadera.

Reino Angélico
Arcángel del Cielo de la Forma

Función Celestial
Ángel de la curación a través del gozo

Dones para la Tierra
Puede ayudarnos a buscar el don de la curación; nos muestra modos de curarnos nosotros mismos; nos ayuda a encontrar la curación en la naturaleza y en la energía universal

Rafael es el responsable de curar la tierra y sus habitantes. Se le atribuye haber curado a Abraham tras su circuncisión, y es el ángel que pasó a Moisés un libro con todas las hierbas existentes que curan enfermedades. El Libro de Tobías, en el Antiguo Testamento, relata cómo Rafael sanó al padre de Tobías de su ceguera por medio de un ungüento hecho como la vesícula biliar quemada de un gran pez. A Rafael se le conoce bajo diversas denominaciones como Supervisor de los Vientos del Anochecer, Guardián del Árbol de la Vida del Jardín del Edén, Ángel del Arrepentimiento, la Oración, el Amor, el Gozo y la Luz. Es el Ángel de la Curación, la Ciencia y el Conocimiento. También se le conoce como el Ángel de la Providencia, que vela por toda la humanidad.

Su nombre significa «Sanador Divino» o «Dios Cura». Rafael es la fuente espiritual detrás de toda cura, y como mensajero de la Providencia Divina trae la curación a todo el que busca ser saludable. Representa la cura definitiva y esencial de todas las enfermedades, que es el retorno a la Fuente. Rafael nos asiste en la curación de nuestros cuerpos, mentes y corazones. Nos ayuda a conseguir la salud e integralidad. Se ofrece a ayudar a todos los que sufren y necesitan curación, y cuando es posible alivia el dolor. Cuando abrimos nuestros corazones a la curación, Rafael nos guía hacia los sanadores, terapeutas y consejeros que hacen todo lo que pueden por ayudarnos. Conforme asumimos una mayor responsabilidad por nuestra propia curación, anima al sanador de nuestro interior, que sabe lo que es mejor para nuestra salud y vitalidad.

Puede ayudarnos a ver las lecciones curativas ocultas en la enfermedad, y a entender lo que el sufrimiento puede enseñarnos acerca de nosotros mismos. Cuando escogemos un sendero saludable, su espíritu nos guía para alcanzar la máxima salud.

Conforme transformamos nuestras mentes y corazones heridos, nos allegamos a tocar las ajas de Rafael y a obtener el acceso a sus dones Divinos. Siempre está disponible para guiarnos hacia la salud y la armonía. Solo necesitamos desearlo por nosotros mismos.

— ★ —

El Arcángel
URIEL

El Arcángel **URIEL**
LA LUZ DIVINA BRILLA DESDE DENTRO. SOY
ETERNAMENTE RADIANTE, AMOROSO Y SABIO

Uriel es el Regente del Sol y el más radiante de los Arcángeles. Se le muestra con una llama en su mano abierta. También gobierna el trueno y el terror. A veces se ve a Uriel con un libro a sus pies, el libro que dio a Adán conteniendo todas las hierbas medicinales.

REINO ANGÉLICO
Arcángel del Cielo de la Forma

FUNCIÓN ANGÉLICA
Traernos la luz del conocimiento de Dios

DONES PARA LA TIERRA
Puede ayudarnos a reconocer la Luz que hay dentro de toda persona; a encontrar el conocimiento para ayudar y curar; a interpretar y descifrar nuestra voz interna

Uriel, cuyo nombre significa «Luz de Dios, es el ángel que trae a la humanidad el conocimiento y la comprensión de la Divinidad.

Es el más radiante de los ángeles, y se le ha pintado descendiendo del cielo en una carroza de fuego tirada por corceles blancos.

Se le ha denominado de diversas maneras, como Llama de Dios, Ángel de la Presencial y Ángel de Salvación. También se le conoce como Príncipe de la Luz e intérprete de las profecías. Fue a Uriel a quien Dios envió a Noé para prevenirlo del diluvio. La Biblia también nos cuenta cómo Uriel descendió al Jardín del Edén sobre un rayo de sol y se plantó a su entrada con una espada ígnea. Es también el ángel que vigila el trueno y el terror. Como Ángel del Arrepentimiento, puede ayudarnos a entender las leyes del karma, lo que, dicho de manera muy simple, significa que cosechamos lo que sembramos. Uriel también nos ayuda a entender cómo opera la misericordia Divina y nos trae la consciencia de ser todos queridos por el amor de Dios.

Se le supone el ángel de vista más aguda. A menudo se le representa con la llama del conocimiento en su mano abierta, llama de la que la humanidad puede extraer salud y bienestar. Si se abusa de este conocimiento, es entonces Uriel quien trae la retribución Divina. Uriel nos ayuda a entender por qué todas las cosas son como son. Nos ayuda a confiar en el plan divino, de modo que cuando las cosas parecen estar yendo mal, podemos saber que en última instancia son para el bien más elevado y el más grande gozo.

Uriel nos ayuda a interpretar nuestra voz interna y nuestros sueños. Nos guía hacia la comprensión de nuestra naturaleza esencial, y hacia la asunción de una mayor responsabilidad por nuestras vidas. Con esta guía tenemos la posibilidad de llevar a su cumplimiento nuestro potencial como espíritus creativos. Uriel nos ayuda a encontrar nuestra luz interior, y a volvernos tan radiantes como el sol cuando expresamos la plenitud del amor y la belleza que hay en nuestro interior.

---- ★ ----

El Ángel Guardián de los
NIÑOS

El Ángel Guardián de los NIÑOS
HONRO AL PRECIOSO NIÑO DE MI INTERIOR,
CUIDO Y MIMO TODO NUEVO COMIENZO

Este bello ángel guarda y protege todo lo que es nuevo y joven en la vida, especialmente los bebés recién nacidos. Vela por cualquier cosa que está empezando a crecer y que necesita un alimento, delicadeza y cuidado mayores de lo normal.

REINO ANGÉLICO
Ángel del Cielo de la Forma

FUNCIÓN ANGÉLICA
Guardar y proteger a todos los niños

DONES PARA LA TIERRA
Puede ayudarte a proteger al niño de tu interior que anhela sentirse seguro y amado; a cuidar de todos los nuevos comienzos de tu vida; a honrar lo que hay en tu vida de joven y fresco

Como ángel protector que vela por todas las nuevas almas que encarnan en la vida terrenal, este ángel ayuda a madres y bebés en los partos. También guía y protege a todos aquellos que ayudan a cuidar de bebés y niños pequeños. Todo nuevo bebé y joven persona es bendecido, protegido y querido por su Ángel Guardián.

Este ángel nos asiste también en cualquier nuevo comienzo, nuevo proyecto o relación. Protege todo lo que es fresco y vulnerable, ayudando a nutrir y sustentar lo que es joven, de modo que pueda volverse fuerte y resistente. Cualquier cosa que sea nueva en tu vida puede ser bendecida por el cuidado amoroso y vigilante que ofrece este ángel.

Orando al Ángel Guardián de los Niños podemos dar gracias al milagro de la nueva vida, y regocijarnos en él. Podemos pedir guía y protección para todo lo que haya en nosotros de joven y tierno. Podemos pedir esta bendición para nuestras familias y amigos, y para todos aquellos con los que nos asociamos en nuestros trabajos, así como para otros con los que entramos en contacto diariamente. Todo lo que es joven y tierno en nosotros, vulnerable o necesitado de cuidados, merece una bendición de este Ángel Guardián especial. Ayudará a proteger también todo lo que de inocente y puro haya en nosotros. Ese niño interior que anhela la aceptación y el cariño es reconocido por nuestro Ángel Guardián.

El Ángel Guardián de los Niños puede ayudarnos a contactar ese niño interior nuestro que se encuentra solo o falto de amor. También puede ayudarnos a sanar heridas profundas debidas a la pobreza de amor, o incluso al abuso. Podemos pedir a este Ángel Guardián que nos ayude a liberar el dolor y los recuerdos tristes y preocupantes de nuestro pasado, y a encontrar la curación para nuestro espíritu. Este ángel ofrece la protección que requieren todos los nuevos comienzos para crecer y florecer. Nos da el alimento que necesitamos para adquirir nuestra fuerza y sentir nuestra estabilidad en las situaciones novedosas. Permite que los tiernos brotes de todo nuevo comienzo arraiguen y prendan en terreno sólido.

— ✶ —

El Ángel Guardián de la
JUVENTUD

El Ángel Guardián de la JUVENTUD
COMPARTIENDO MI ENTUSIASMO, HUMOR Y SENTIDO DE
LA DIVERSIÓN, PROTEJO Y HONRO MI JUVENIL ESPÍRITU

El Ángel Guardián de la Juventud, cuyo arco, flechas y honda indican las proezas atléticas, está pleno de la energía vital y el entusiasmo de los jóvenes. La energía de la juventud es positiva y amante de la diversión, y este ángel se asegura de que estas cualidades abunden a lo largo de la etapa juvenil de nuestras vidas.

Reino Angélico
Ángel del Cielo de la Forma

Función Angélica
Guardar y proteger a todo lo que es juvenil en nosotros

Dones para la Tierra
Puede ayudarte a disfrutar de tu espíritu juvenil;
a reforzar y proteger tu vitalidad; a alimentar
todo lo juvenil en relación a ti

Este ángel no solo guarda y protege a las personas jóvenes, sino que también vela por todo lo que hay de juvenil en cada uno de nosotros. Se espera que tanto la gente como los proyectos sean más falibles durante la juventud. Hay que hacer concesiones en esto, así como para la curiosidad y la experimentación. Necesitamos en nuestras vidas un espacio en el que no siempre tengamos que hacerlo todo bien. Este ángel nos da la oportunidad de sentir que no pasa nada por cometer un error. Ayuda a los individuos y grupos a descubrir el modo correcto de hacer las cosas, velando por este proceso, protegiendo el espíritu vital de entusiasmo que se halla en su corazón.

El Ángel Guardián de la Juventud da permiso a nuestro espíritu juvenil para ser curioso y amante de la diversión, explorando nuevas vías de crecimiento, expresión y desarrollo. Fomenta la creatividad y las capacidades de liderazgo y activa el entusiasmo juvenil. Es esta energía la que nos ayuda a realizarnos en la vida posterior.

Este ángel representa la ternura de la juventud, y ofrece un respiro a la pesada carga de tomar decisiones en la vida y sufrir las consecuencias si cometemos errores. La alegría desenfadada del espíritu es lo que este Ángel Guardián alienta y bendice en todos nosotros.

Podemos ofrecer plegarias al Ángel Guardián de la Juventud para que nos bendiga y conceda una conciencia constante de lo que es juvenil y divertido. Podemos pedir que nuestro sentido de excitación y entusiasmo acerca de nuevos proyectos sea revitalizado. También podemos pedir a este ángel que nos bendiga con la flexibilidad de la juventud, de modo que nuestro espíritu permanezca joven y seamos capaces de renovar más fácilmente nuestro disfrute de la vida. Este ángel nos ofrece asimismo la posibilidad de confiar en la bondad de la vida. La inocencia de la juventud cree en el bien y comparte su entusiasmo por aquello que cree correcto. Este ángel fomenta ese entusiasmo y apoya nuestro sentido de diversión en la vida.

— ★ —

El Ángel Guardián del
AMOR JOVEN

El Ángel Guardián del **AMOR JOVEN**
ACEPTO EL AMOR CON GRATITUD. ME ABRO Y ME
COMPLAZCO EN SU BELLEZA

Este ángel sostiene una pareja de pájaros del amor. Protege el primer brote del amor. Bendice nuestra pureza, de modo que podamos expresar el amor de nuestros corazones. Nos anima a ser respetuosos con nuestros cuerpos y gentiles con nuestros sentimientos, de modo que nuestra primera experiencia del amor sea bella.

REINO ANGÉLICO
Ángel del Cielo de la Forma

FUNCIÓN CELESTIAL
Proteger a todos los que se enamoran

DONES PARA LA TIERRA
Puede ayudarte a valorar tu sexualidad y a honrarla con amor; a encariñarte con los dones del amor y un corazón abierto; a amar y respetar tus propios sentimientos tiernos

Este es el Ángel Guardián que vela por el amor joven, y ayuda a dar a las relaciones nuevas y tiernas su belleza y su dulzura. Es también este ángel el que nos ayuda a sentirnos seguros en una relación, y el que nos permite confiar en nuestra capacidad de expresar abierta y libremente los pensamientos y los sentimientos. Este ángel nos ayuda a propiciar el sentido de nuestra propia valía y alienta la intimidad con las personas que nos valoran y que ven nuestra luz y belleza.

Pedimos a este ángel que nos bendiga y proteja de la gente dañina o manipuladora, o que es incapaz de compartirse de modo abierto u honesto. Podemos pedir a este ángel que nos apoye cuando nos sentimos vulnerables o inseguros, y que nos asista cuando nos encontramos con alguien con quien desearíamos unirnos. Puede ayudarnos a correr riesgos con alguien que creemos digno, pero que es tímido o reservado.

Este Ángel Guardián guía a los individuos hacia sus compañeros potenciales, ayudándolos a sentirse atraídos por la gente capaz de respetar su individualidad y de permitirles expresar con seguridad el sentido de su verdadero ser de manera delicada y gentil. Es este ángel el que nos vigila y guía hacia la consecución de una saludable amistad capaz de proporcionarnos una felicidad profunda y duradera.

Podemos orar al Ángel Guardián del Amor Joven siempre que establezcamos una relación y necesitemos ayuda y la reafirmación de que será para nuestro mayor bien. Podemos invocar a este ángel siempre que nuestras relaciones presentes se hallen estancadas o en punto muerto y necesiten revitalizarse. Es el Ángel Guardián que bendice y renueva el espíritu del amor y de la sexualidad amorosa dentro de todos nosotros. Le pedimos que proteja y guarde nuestras relaciones más íntimas y que mantenga los lazos del amor a salvo de fuerzas negativas que puedan en algún modo estar excluyendo, separando o intentando poner una cuña entre nuestras amistades más queridas.

---- ✶ ----

El Ángel Guardián de los
ADULTOS JÓVENES

El Ángel Guardián de los ADULTOS JÓVENES
SOY GUIADO Y PROTEGIDO CUANDO EMPIEZO A
ESCOGER MI SENDERO EN LA VIDA

Este ángel porta la llave que proporciona todo lo necesario para crecer como adultos felices y estables, capaces de hallar el equilibrio entre el trabajo y el placer, y que conocen la diferencia entre lo que es bueno y lo que no nos sirve. Nos bendice cuando asumimos la responsabilidad por la vida.

REINO ANGÉLICO
Ángel del Cielo de la Forma

FUNCIÓN ANGÉLICA
Ayudar a los adultos jóvenes a elegir una dirección clara

DONES PARA LA TIERRA
Puede ayudarte a asumir la responsabilidad de tu vida;
a seguir la dirección en la que te conduce tu corazón;
a tomar decisiones sabias y atentas para contigo

Este Ángel Guardián vela por todas las personas que comienzan a trazar su propio camino en la vida. Es un tiempo en el que la crianza integral de la infancia empieza a dar resultados. Es también el tiempo en el que confiamos en estar tomando decisiones saludables para nuestras vidas. Este ángel puede ayudarnos a tomar decisiones honestas y claras, capaces de aumentar nuestras oportunidades de crecimiento y desarrollo. Puede ayudar a guiarnos hacia la elección del trabajo correcto, en el que nuestros talentos sean apreciados; y hacia la pareja correcta capaz de darnos el amor y el estímulo que necesitamos para conseguir todo nuestro pleno potencial.

Este es el ángel que nos ayuda a mantener un sentido del humor cuando las cosas parecen ir mal, o cuando creemos haber perdido una valiosa oportunidad. De este ángel podemos recibir también la reafirmación de estar siempre en el sendero correcto hacia el cumplimiento del propósito de nuestras vidas. Nos resulta esencial reconocer que por muchas revueltas que encontremos en nuestro sendero de la vida, finalmente seremos conducidos a hacer aquello que nos permita la oportunidad de expresar más plenamente nuestro ser.

Podemos orar a nuestro Ángel Guardián para que nos muestre la dirección correcta para el propósito de nuestra vida. Podemos pedir consuelo cuando sufrimos pérdidas o separación, o cuando nos sentimos heridos o abrumados por el modo de ser del mundo y vemos tambalearse nuestra fe interna.

Este ángel nos bendice y protege siempre que creemos necesitar más confianza o reafirmación, y nos reconforta cuando estamos solos o inseguros sobre lo que hacer mejor. Podemos pedir confianza y seguridad en cualquier cosa que hagamos, dondequiera que nos encontremos. Con la ayuda de este ángel podemos permanecer esperanzados en que todo lo que nos suceda será para nuestro bien más elevado y nuestro mayor gozo.

---- ✶ ----

El Ángel Guardián de la
MADUREZ

El Ángel Guardián de la MADUREZ
AL ASUMIR LA RESPONSABILIDAD TAMBIÉN
DESARROLLO MI FUERZA

Este ángel nos ayuda a madurar como seres sabios capaces de manejar las responsabilidades, y de hacer elecciones provechosas para aumentar nuestro gozo y bienestar. Nos muestra cómo envejecer con gracia. Porta la Linterna de la Sabiduría y una trompeta, símbolo del aprecio de la música, una de las grandes bellezas de la vida.

REINO ANGÉLICO
Ángel del Cielo de la Forma

FUNCIÓN ANGÉLICA
Guiar nuestro desarrollo emocional

DONES PARA LA TIERRA
Puede ayudarte a entender tu proceso de crecimiento hacia la madurez; a que te permitas a ti mismo hacer en la vida las cosas que siempre has deseado; a hacer frente a las responsabilidades de la edad adulta

Este ángel nos ayuda a tomar decisiones cuidadosas y sabias para nuestro bienestar y para el bienestar de aquellos que están a nuestro cargo, seamos supervisores, cuidadores o padres.

El Ángel Guardián de la Madurez nos ayuda y guía en la gerencia de altos grados de responsabilidad por la persona que somos o el modo en que queremos que sea nuestra vida. Nos ayuda cuando nos parece que el peso de nuestras elecciones puede ser demasiado grande de soportar, y nos apoya para encontrar las respuestas correctas ante los asuntos causantes de perplejidad con que nos enfrentamos en nuestro trabajo y en nuestras relaciones.

Podemos orar a este ángel pidiendo que nos bendiga y guíe para ayudarnos a encaminar un curso a través de los bancos de arena y las corrientes del río de la vida con sabiduría y discernimiento. Podemos orar para ser conducidos con amor y gozo. Podemos pedir que nuestras decisiones provengan del amor y no se basen en el ansia de poder. Podemos también pedir guía para estar atentos a las necesidades de personas más jóvenes o menos responsables confiadas a nuestro cuidado. Este ángel nos ayuda a encontrar la paz y la sabiduría que vienen con la madurez. Podemos necesitar guía para conocer la diferencia entre lo que simplemente parece bueno y lo que es verdaderamente correcto para nosotros. Podemos pedir el coraje de cultivar la sabiduría, y la capacidad de manejar el poder de manera que no seamos abusivos. Podemos pedir que los confiados a nuestro cuidado se sientan seguros con nosotros. Este ángel puede bendecirnos con el respeto a nosotros mismos y la fortaleza de carácter, de modo que las pruebas y dificultades de la vida no se conviertan en una carga, sino que más bien propicien nuestras cualidades esenciales y nos permitan ser seres radiantes y espirituales.

— ✶ —

El Ángel Guardián de la
SALUD

El Ángel Guardián de la SALUD
MIS ACTITUDES ACERCA DE MÍ MISMO
SON RICAS EN AMOR Y ACEPTACIÓN

Este ángel, que sostiene un canastillo abundantemente repleto de los frutos de la buena salud, nos bendice con un panorama saludable de la vida. Supervisa los modos en que cuidamos de nuestra preciosa salud, y nos muestra cómo recuperar nuestro vigor y nuestras actitudes positivas tras la enfermedad.

Reino Angélico
Ángel del Cielo de la Forma

Función Angélica
Guardar y proteger nuestra salud

Dones para la Tierra
Puede ayudarte a encontrar la energía que necesitas para hacer las cosas que deseas; a cuidar mejor de tu salud; a administrar adecuadamente tu energía de modo que no te agotes

Este es el ángel que vela por nuestro bienestar. A través de la protección de este ángel somos capaces de tomar decisiones positivas sobre el modo en que manejamos nuestras vidas. Podemos pedir ayuda para tener un estilo de vida saludable e integral que apoye nuestro bienestar y felicidad. Podemos pedir vitalidad para hacer todas las cosas que amamos y tener abundante energía para hacer frente a todas las tareas que se nos demandan. Este ángel no solo apoya nuestra salud física, sino que nos anima al bienestar espiritual y emocional. La verdadera salud proviene del equilibrio en mente, cuerpo y espíritu, y este ángel puede guiarnos a encontrar este nivel de salud. Vela por nosotros y nos protege de influencias malsanas.

Si deseamos mejorar nuestra salud haciendo algunos ejercicios, tomando alimentos sanos y nutritivos, o teniendo descanso y vacaciones saludables, este ángel nos alienta a que disfrutemos. Se nos anima a un estilo de vida relajado, uno que nos permita mantenernos al tiempo que conservamos la comodidad y el placer, así como la creatividad y el gozo.

Cuando estamos enfermos, este es el ángel que vela por nosotros y bendice nuestras medicinas y remedios con amor, ayudando a que nos curemos y recuperemos nuestra fuerza y vitalidad. Este ángel está siempre vigilando para procurar que no enfermemos por hacer demasiado.

Podemos ofrecer plegarias al Ángel Guardián de la Salud para que nos bendiga con una buena salud y nos ofrezca la curación de cualquier dolor físico, emocional o espiritual que pudiéramos padecer. Pedimos a este ángel que nos confiera vitalidad y bienestar, de modo que podamos sacar el mejor partido de las tareas y proyectos que nos ocupan.

— ✶ —

El Ángel Guardián de la
CREATIVIDAD

El Ángel Guardián de la **CREATIVIDAD**
LA ENERGÍA CREATIVA FLUYE PARA MÍ CUANTO MÁS
DECIDO EXPRESAR MIS SENTIMIENTOS

Este ángel, que porta una pandereta y viste ropas finamente confeccionadas, nos ayuda a canalizar nuestra fuerza vital hacia actos creativos que traigan música, color y forma a nuestra existencia. Nos bendice para ser abundantemente creativos en todo lo que hacemos.

REINO ANGÉLICO
Ángel del Cielo de la Forma

FUNCIÓN ANGÉLICA
Guiar nuestra creatividad para que florezca

DONES PARA LA TIERRA
Puede ayudarte a ser creativo con tu vida; a expresarte bien
en todo lo que haces; a reconocer tus talentos creativos
provenientes de la Fuente

Este Ángel Guardián vela por nuestros talentos creativos y nos ayuda a desarrollar nuestra autoexpresión. Nos presenta constantemente oportunidades de expandir nuestros horizontes personales. Nos anima a hacer del mundo un lugar más bello y gozoso. Es el ángel que estimula nuestros sentidos para que veamos bellos colores, imaginemos bonitos diseños, oigamos música adorable y leamos una abundante variedad de buenos libros.

La creatividad asume interminables formas, y este ángel nos inspira a expresar nuestro gozo de vivir en un universo amoroso y protector. Nuestra creatividad puede encontrar su forma en el modo en que vestimos, el alimento que cocinamos, el modo en que decoramos nuestros hogares o plantamos nuestros jardines. Puede expresarse como pintura, danza, música o literatura. Con la ayuda de nuestro ángel podemos ser creativos en todo momento. Este ángel nos ofrece inspiración para cambiar y transformar las profundidades mismas de nuestro ser, en esas formas más adecuadas para expresar nuestros particulares talentos e imaginación. Bendice todas las formas de nuestra autoexpresión inequívoca y desea que compartamos nuestra luz de cualquier manera que nos traiga placer y gozo.

Podemos orar al Ángel Guardián de la Creatividad para que nos guíe hacia el descubrimiento de lo que es bello, completo y genuino dentro de nosotros, y para que permita la expresión de esta consciencia. Podemos pedir la gracia de compartir nuestra individualidad con facilidad, y con la seguridad de que cuando expresamos quiénes somos podemos tener la confianza de estar haciendo una contribución al bienestar de todos los que nos rodean.

Cuanto más dispuestos nos hallemos a expresar quiénes somos, más ayudaremos realmente a este planeta a ser un lugar más bello y gozoso en el que estar.

— ✳ —

El Ángel Guardián del CRECIMIENTO ESPIRITUAL

El Ángel Guardián del CRECIMIENTO ESPIRITUAL
EL MODO EN QUE ME VUELVO ESPIRITUAL ES
SIMPLEMENTE VOLVIÉNDOME YO MISMO

Este ángel nos bendice para que vivamos a la luz de nuestra propia Naturaleza Divina. Portando en alto una vela con la llama de la iluminación, nos señala las lecciones de la vida que conducen al sendero del corazón, capacitando a nuestros espíritus para ser gozosos y libres.

REINO ANGÉLICO
Ángel del Cielo de la Forma

FUNCIÓN ANGÉLICA
Proteger nuestra espiritualidad en desarrollo

DONES PARA LA TIERRA
Puede ayudarte a permitir que tu espiritualidad brille;
a reconocer la fuente de toda vida;
a ver la luz en todos los que te rodean

El propósito primario de nuestra encarnación terrestre es nuestro desarrollo como seres espirituales. Este Ángel Guardián guarda nuestro crecimiento espiritual a lo largo de la vida, defendiendo siempre nuestras almas, bendice todas las actividades que nutren el bienestar de nuestro espíritu, lo que significa cosas que son amorosas y respetuosas para con nosotros. Nos ayuda a descubrir lo que necesitamos reconocer: que somos amados y queridos. Si nuestro espíritu necesita diversión, entonces nos animará a amenizarnos, y quizá a buscar la compañía de un buen amigo y pasar unos ratos divertidos.

Este ángel nos guía hacia los pequeños placeres que nos ayudan a cuidar de nuestras necesidades y valorarnos a nosotros mismos. Nos alienta a buscar modos ajustados a nuestros medios y a nuestro punto de vista que propicien y nutran nuestro ser. Su guía puede ser tan simple como dirigirnos a ir más despacio y dar un paseo en una tarde soleada, o a tomar un baño caliente con montones de aceites esenciales y una vela. Nuestra espiritualidad florece cuando cuidamos de nosotros mismos. Este ángel se asegura de que tengamos la oportunidad de escoger actividades y gente que apoyará a nuestro espíritu en su crecimiento y florecimiento. Nos bendice con el amor, de modo que sintamos la gracia de nuestra alma y permitamos que el sol brille en nuestros corazones.

Podemos ofrecer plegarias al Ángel Guardián del Crecimiento Espiritual de modo que seamos guiados hacia esas personas y esos libros más capaces de propiciar nuestro desarrollo espiritual. Podemos pedir la consciencia de nosotros mismos, para ser capaces de sintonizarnos con nuestros propios sentimientos. Podemos necesitar tranquilidad y paz para escuchar nuestra voz interior y conocer los deseos de nuestro corazón. Oramos para que quienes enseñan las verdades espirituales tengan un corazón abierto y sean compasivos con quienes buscan guía y desarrollo. Pedimos a este ángel que bendiga a buscadores y maestros, de modo que podamos comprender que todos somos uno con la Fuente.

Este ángel nos enseña la importancia de la fe y nos anima a retener nuestra fe en la bondad de la vida, incluso cuando las cosas se hallan en movimiento y estamos llenos de incertidumbres. Nos inspira cuando buscamos ideas y está conduciéndonos constantemente a la comprensión de que somos aspectos del amor de Dios.

El Ángel Guardián del
SERVICIO

El Ángel Guardián del SERVICIO
OFREZCO LO MEJOR DE MIS TALENTOS Y BUENA
VOLUNTAD, HACIENDO MEJOR MI LUGAR EN EL UNIVERSO

Este ángel sostiene una paloma, que simboliza la disposición a ayudar. Bendice a todos los que dedican su energía vital a tratar de hacer de este planeta un lugar más feliz y fácil en el que vivir. Trae la luz de la Gracia Divina a todos aquellos que gustosamente ofrecen su vida en un servicio de ayuda a los demás.

Reino Angélico
Ángel del Cielo de la Forma

Función Angélica
Enseñarnos cómo dar de corazón

Dones para la Tierra
Puede ayudarte a entender la naturaleza del dar a los demás;
a permitirte a ti mismo que otros te den;
a apreciar la función espiritual del servicio

Este Ángel Guardián atiende y bendice a todos los que sirven; a toda esa gente que tiene en sus corazones el sentimiento de que quisieran hacer de esta tierra un lugar más pacífico y fructífero para todos. A quienes creen verdaderamente que lo que realmente importa es ayudar a poner las cosas en orden para los demás, este ángel les ofrece energía, inspiración, contactos y recursos de modo que las tareas a su cargo puedan quedar hechas del mejor modo posible.

Estos actos de servicio pueden recaer en las obras cívicas o gubernamentales, o pueden ser los cálidos gestos de amor y cuidado de los voluntarios, ayudantes o terapeutas. Pueden incluir simples favores personales de gente que ofrece ayuda; de hecho, cualquiera que ofrece asistencia humana de una forma u otra puede decirse que presta servicio.

Estas personas están bendecidas por la apreciación y reconocimiento de que sus servicios crean una diferencia en la vida de otros. Este mundo sería un lugar menos adorable o en el que se pudiera trabajar sin el servicio de tanta gente que da su tiempo y energía para el beneficio de todos.

Podemos orar al Ángel Guardián del Servicio para que nos ayude a encontrar los recursos internos y externos para dar del mejor modo que seamos capaces, de modo que ayudemos a nuestros jóvenes y ancianos, sirvamos a nuestras iglesias y templos y nos comprometamos en políticas de toma de decisión para nuestros vecinos o nuestros gobiernos.

El servicio es el modo en que podemos participar en nuestras comunidades y hacer una contribución real y duradera al bienestar de los demás. Pedimos bendiciones para todos aquellos que sirven, en la medida de su capacidad, para tratar de hacer de este un mundo mejor en el que vivir todos.

— ✶ —

EL CIELO DE LA FORMA

El Príncipe Angélico del
SUR

El Príncipe Angélico del **SUR**
DEJO IRSE TODO DOLOR Y TENSIÓN MIENTRAS
FLOTO EN EL MAR DEL AMOR DIVINO

Este ángel gobierna el elemento tierra y la función psicológica de la sensación. Sostiene una gavilla de trigo, para subrayar su asociación con los frutos de la tierra.

Nos inspira a que atendamos a nuestro planeta, y a las necesidades de nuestros cuerpos físicos como cuidado y conciencia.

Reino Angélico
Ángel del Cielo de la Forma

Función Angélica
Guiar y proteger a la multitud de personas que caen en su ámbito

Dones para la Tierra
Puede ayudarte a sentirte bien en tu cuerpo; a despertar tus sentidos; a hacer que tu energía haga contacto con la tierra de modo que seas más capaz de manifestar tus talentos y hacer que tus sueños se vuelvan realidad

Este ángel nos da su guía en todos los aspectos relativos a nuestra «toma de tierra» con la realidad material. Bendice nuestros sentidos de modo que podamos experimentar plenamente el mundo que nos rodea en y a través de nuestro cuerpo físico. Usamos el elemento tierra para hacer que nuestra espiritualidad tome tierra en el mundo de la forma, y esto nos permite manifestar nuestras esperanzas más elevadas y realizar nuestros sueños. Este paso del pensamiento creativo a la forma física requiere que usemos todos nuestros sentidos al máximo de nuestra capacidad. Dar tierra a nuestra energía nos da estructura, estabilidad y seguridad, de modo que podamos realizar nuestra verdadera naturaleza creativa.

Podemos orar al Príncipe Angélico del Sur para que bendiga nuestros sentidos y nos ayude a materializar nuestros sueños. Este ángel también nos bendice con la soltura corporal, de modo que quedemos libres del estrés y la tensión, y seamos más capaces de experimentar el placer. Cuando nos sentimos a gusto con nosotros mismos, liberamos buena energía, que es curativa para nosotros y quienes nos rodean. Es así realmente como hacemos de nuestro planeta un mejor lugar siendo felices.

El Príncipe Angélico del Sur nos anima a escuchar a nuestros cuerpos y a tratarnos a nosotros mismos con respeto. Esto significa que cuidamos de nosotros mismos, alimentando, vistiendo, descansando y ejercitando nuestro cuerpo con cuidado y reflexión. Bajo la guía de este ángel podemos volvernos guardas sensibles del templo que da morada al espíritu. Este ángel puede ayudarnos a detener los hábitos abusivos que debilitan el cuerpo. Nuestros sentidos están más vivos cuando nos damos a nosotros mismos un alimento sano, ropas hechas con fibras naturales, suficiente descanso y amplio ejercicio y espacio para ser nosotros mismos. Honramos a este ángel cuando honramos nuestra forma física, y él, de vuelta, nos bendice a nosotros. Este ángel nos alienta y apoya en nuestros esfuerzos por estar enraizados en el plano terrestre y por expresarnos y compartirnos.

— ✶ —

El Príncipe Angélico del
NORTE

El Príncipe Angélico del **NORTE**
CELEBRO MI CUALIDAD DE SER ÚNICO
CON GOZO Y GRATITUD

Este ángel gobierna el elemento aire y la función psicológica del pensamiento. Porta el sol de la conciencia. Ayuda y apoya todos los esfuerzos en pos de pensamiento claro y lúcido, y nos anima a encontrar el equilibrio entre esta función demasiado utilizada y las otras tres funciones.

REINO ANGÉLICO
Ángel del Cielo de la Forma

FUNCIÓN CELESTIAL
Alentar a las multitudes y asistir a los líderes mundiales
en el pensamiento racional

DONES PARA LA TIERRA
Puede ayudarte a mantener positivos y afirmativos tus pensamientos;
a emplearte en un pensamiento claro y enfocado; a utilizar tu
pensamiento para tu mayor bien y tu gozo más grande

El pensamiento y el entendimiento positivos nos permiten expresar nuestra libertad e individualidad. Este Príncipe Angélico nos ayuda a comunicar a otros nuestras ideas, y nos ayuda a formar un plan racional de acuerdo con el cual vivir nuestras vidas. La claridad de pensamiento nos permite ser económicos con nuestra energía y sabios en nuestras acciones.

Podemos orar al Príncipe Angélico del Norte que nos bendiga con el discernimiento y nos ayude a enfocar nuestros pensamientos con claridad. Podemos también orar pidiendo ayuda para nuestra capacidad de expresar nuestros pensamientos, de modo que nuestras ideas se hagan claras y sean fácilmente comprendidas y aceptadas por otros. Este ángel puede ayudarnos a comprender conceptos difíciles. Estos pueden incluir nuevas ideas difíciles de asimilar, o conceptos que resultan extraños a nuestro sistema de creencias. Este ángel nos ayuda a mantener una mente abierta y a expandir nuestras ideas acerca de la vida y el universo. Puede allanarnos el camino en el aprendizaje de cualquier cosa que sea difícil de captar.

Pedimos al Príncipe Angélico del Norte que nos bendiga con la capacidad de transformar nuestro pensamiento negativo en pensamientos saludables y positivos que reflejan una elevada autoestima y autorrespeto. Pedimos el pensamiento positivo y claro que nos ayuda a ver, más allá de una situación oscura, un futuro brillante y pleno de buenas cosas para nosotros y para aquellos que amamos.

El Príncipe Angélico del Norte nos ayuda a expandir nuestra capacidad de un pensamiento claro. Podemos orar para que abra nuestro chakra del entrecejo e iluminar nuestros procesos racionales y conceptuales. Buscamos ser capaces de ensanchar nuestro pensamiento a través de excelentes programas educativos y de preparación. Las buenas bibliotecas y los libros beneficiosos nos ayudan a desarrollar nuestras facultades, y este ángel puede apoyarnos con una capacidad mental plenamente funcional y en nuestro crecimiento y desarrollo intelectual en curso. Nos muestra cómo permanecer receptivos a nuevas ideas y al mismo tiempo ser perspicaces acerca de las opiniones y elecciones que hacemos para nuestra vida.

El Príncipe Angélico del
ESTE

El Príncipe Angélico del **ESTE**
PURIFICO MI MENTE AFIRMANDO MI VALÍA Y
HONRANDO MIS ELECCIONES DE AMOR

Este ángel gobierna el elemento agua y la función psicológica del sentimiento. Porta un cáliz que contiene el agua de la vida, y revolotea por encima del mar, que representa la emoción indiferenciada. Este ángel nos ayuda a expresar nuestros sentimientos y a equilibrar nuestras emociones.

Reino Angélico
Ángel del Cielo de la Forma

Función Celestial
Ayudar a las multitudes a abrir y expresar sus sentimientos

Dones para la Tierra
Puede ayudarte a aceptar tus sentimientos; a abrir tu corazón;
a sentirte seguro expresándote tú mismo y tus sentimientos
más íntimos

Nuestros sentimientos son una fuerza poderosa y elemental que puede liberar grandes oleadas de emoción. Los sentimientos, si no se expresan, fermentan y forman una presión inconsciente propia, exigiendo finalmente ser expresados y resueltos. Cuando estamos abiertos a los sentimientos, las emociones fluyen como agua. Hemos de buscar un equilibrio en el que somos conscientes de nuestros sentimientos y también podamos expresarlos. Hemos de querer sentir lo que es verdadero para nosotros más que suprimir nuestra fuerza vital en emociones embotelladas. La ira, la tristeza o la ansiedad reprimidas nos conducirán inevitablemente hacia situaciones que pueden actuar como un imán, y exteriorizar los sentimientos. Si no nos percatamos de ello, nuestras proyecciones emocionales nos harán sentir víctimas de una situación, y no reconocer que ha sido creada por nuestras emociones no expresadas.

El Príncipe Angélico del Este nos ayuda y guía para experimentar la riqueza de nuestros sentimientos, y para encontrarles vías de salida legítimas y creativas. Nos bendice cada vez que permitimos a nuestras emociones un reconocimiento honesto, y nos ayuda a transmutar los sentimientos negativos en una expresión creativa legítima. Nos muestra cómo pintar, cantar o danzar nuestros sentimientos de modo que no permanezcan encerrados en nuestro inconsciente, fomentando situaciones que sólo conducen a un mayor dolor. Podemos orar a este ángel para que nos ayude a sentirnos cómodos con nuestros sentimientos y no vernos atrapados en el juicio a nosotros mismos por lo que pudieran ser.

El Príncipe Angélico del Este nos ofrece el apoyo y consuelo que necesitamos para experimentar y expresar nuestros sentimientos. Cuando hacemos esto, estamos más plenamente vivos, en la corriente principal de la vida. Cuando permitimos a nuestros sentimientos fluir, nos damos el regalo de la liberación, y sentirnos más verdaderos. Con cada expresión de tristeza o ira que asumimos e integremos en nuestra personalidad, crecemos y maduramos. La verdadera autocapacitación solo puede tener lugar cuando damos oportunidad a nuestros sentimientos, ya que son parte de nuestro ser, y este ángel quiere que nos sintamos seguros con lo que sentimos.

El Príncipe Angélico del OESTE

El Príncipe Angélico del OESTE
CREO LA REALIDAD QUE ME RODEA CON
PENSAMIENTOS DE PURO AMOR Y BONDAD

Este ángel gobierna el elemento fuego y la función psicológica de la intuición. Porta una antorcha, que significa la iluminación intuitiva. El juego de la intuición puede cruzar el abismo entre los mundos visible e invisible. Nos permite el acceso a las profundidades de nuestro conocimiento, que está encerrado dentro de nuestra memoria celular.

Reino Angélico
Ángel del Cielo de la Forma

Función Celestial
Proporcionar a la multitud el acceso a los reinos celestiales

Dones para la Tierra
Puede ayudarte a entender la verdadera naturaleza de la gente y las situaciones; a desarrollar tu intuición y confiar en tu conocimiento interior; ayudarte a experimentar la vida a través de otras dimensiones

La intuición es nuestra capacidad de conocer nuestras verdades interiores. Es una función no racional y proviene de un lugar muy profundo de nuestro interior que probablemente fuera nuestro primer nivel de comprensión. Es una precursora del pensamiento racional, y está asociada más estrechamente con nuestra función del sentimiento. La intuición es la capacidad de saber que algo es verdad desde lo profundo de nosotros mismos. Es el modo más verdadero y, en cierto sentido, el más inmediato, de ver la realidad de nosotros mismos y de los demás.

El Príncipe Angélico del Oeste nos permite reunir información para usarla de manera positiva para nuestro crecimiento y desarrollo. Usamos inconscientemente nuestra intuición para saber si algo o alguien es adecuado para nosotros o si estamos a salvo. Podemos aguzar nuestra conciencia de esta función aumentando nuestra percepción y por la práctica de escuchar nuestra voz interior.

Los ángeles generalmente se nos expresan a través de imágenes, que nosotros interpretamos entonces con nuestras mentes racionales. Pero para entender plenamente la guía que nos es dada desde los reinos espirituales superiores necesitamos una intuición enfocada con claridad. Necesitamos ser capaces de leer conscientemente las señales que se filtran a través de nuestras mentes, para descifrarlas.

Oramos al Príncipe Angélico del Oeste que abra nuestra capacidad de intuición y conocimiento interno, y que nos ayude a utilizar este don. Esto significa que necesitamos estar dispuestos a reconocer las proyecciones de nuestras propias emociones sobre la gente y el mundo que nos rodea. Tales proyecciones nos impiden a menudo ver una situación con claridad. Podemos pedir al Príncipe Angélico del Oeste que nos ayude a apartarnos del camino de nuestras proyecciones, de modo que nuestra visión interna sea clara y pura.

La visión clara y la intuición son los dones de los místicos, y pueden ser desarrolladas por cualquiera que valore este tipo de conocimiento, aunque no han sido demasiado estimadas en el mundo occidental hasta bastante recientemente. Este ángel nos ofrece la realización de uno de nuestros dones innatos si tan solo decidimos hacernos con él por nosotros mismos.

El Cielo de la Creación

El Cielo de la Creación es el segundo nivel de los reinos celestiales. Podemos conectarnos con su energía altamente delicada para iluminar nuestras relaciones personales. Los ángeles de este reino son conocidos por sus nombres específicos de Poderes, Virtudes y Dominaciones. Todos nos ayudan a amarnos y entendernos unos a otros.

Muchísimas personas encuentran las relaciones trabajosas y estresantes. Los ángeles del Cielo de la Creación ayudan a volverlas más fáciles, de modo que tengamos significado e intimidad en nuestras vidas. Los ángeles tratan de enseñarnos a querernos unos a otros lo mejor que podamos. Dentro de cada uno de nosotros se halla el corazón de un ángel. Si tan solo le permitiéramos a este manifestarse a nuestro través, viviríamos todos felices. Los ángeles del Cielo de la Creación nos proporcionan las herramientas que necesitamos para hacer que nuestras relaciones funcionen. Están siempre tratando de mostrarnos medios saludables e integrales que nos permitan florecer como espíritus libres y creativos.

Es en las relaciones donde tenemos la oportunidad de conocernos a nosotros mismos. Nos ayudan a aceptar nuestras limitaciones, expandir nuestros horizontes y desarrollar nuestras fortalezas. Contienen dentro de ellos los espejos que concuerdan con nuestras almas. Nos ayudan a identificar nuestra propia valía, nuestra capacidad de amor, placer y humor. Nos instruyen sobre nuestra integridad o sobre nuestra connivencia con otra gente.

Las relaciones ponen a prueba nuestros principios sobre la lealtad, la confianza y la honestidad. Nos ayudan a purificar nuestras necesidades y a examinar nuestras ambiciones y deseos. Nos muestran las alturas y las profundidades de las emociones. Es a través de las relaciones como los ángeles nos enseñan acerca del amor y la sabiduría. Nos ofrecen la clave de la libertad y la confianza cuando nuestras vidas puedan hallarse nubladas de infelicidad. Ellos están ahí para allanar el camino, de modo que nuestras relaciones puedan darnos gozo y placer.

Los ángeles quieren que seamos felices, gozosos y juguetones. Su intención es la de vernos realizados en todos los sentidos. Nos ofrecen su apoyo y su amor para ayudarnos a encontrar nuestro gozo. Nutren y protegen nuestras almas, de modo que podamos vivir a partir de nuestra libertad y expresar plenamente nuestras naturalezas creativas. Los ángeles son propiciadores de la vida, facilitando nuestro crecimiento en modos que nos enseñan sobre el poder infinito de la Fuente. Los ángeles nos recuerdan que tenemos la libertad de hacer nuestras vidas tan placenteras y felices como queramos. Depende, por tanto, de nosotros hacerlas venturosas y expresar nuestra gratitud por todo lo que nos ha sido dado, pues no hay verdadera curación sin la gratitud. Cuanto más abrimos nuestros corazones a las cualidades de la paz, la libertad y la reconciliación, mayores son nuestra viveza y nuestro gozo.

Los Poderes

Pues un ángel de paz, un guía fiel, un guardián de nuestras almas,
nos permite rogar al Señor.

LITURGIA DE LA IGLESIA ORTODOXA ORIENTAL

Los ángeles protectores y guías conocidos como los Poderes son aquellos que específicamente nos ofrecen paz, armonía y serenidad. Su función celestial es la de proteger nuestras almas, que medran mejor en una atmósfera de tranquilidad y paz. Cuando buscamos una vida pacífica, los ángeles nos ayudan a transformar en serenidad el tumulto emocional de nuestras vidas. Saben que somos más felices y más sanos cuando buscamos la paz en nosotros mismos y en nuestro mundo. Tenemos entonces la oportunidad de medrar emocionalmente y convertirnos en individuos creativos. Tienen absolutamente claro, no obstante, que es cosa de nuestro libre albedrío desear este modo de vida. Nunca se nos imponen, sino que permiten a nuestra libre elección florecer y brotar conforme evolucionamos desde la lucha y la supervivencia hasta convertirnos en humanos completos e integrados.

Cuando elegimos la paz, los Poderes nos ayudan a liberar de nuestras vidas cualquier cosa que sea conflictiva y dramática. Nos ayudan a encontrar modos pacíficos y delicados de que nuestras almas medren y prosperen de manera que, al final, podamos ser felices. Una oración del Evangelio de los Esenios que implora la paz, dice:

¡Oh, Padre Celestial!
¡Trae a tu tierra tu reino de la Paz!
Recordaremos entonces las palabras
De aquel que de siempre enseñó a los Hijos de la Luz:

Doy la paz de tu Madre Terrenal
A tu cuerpo,
y la paz de tu Padre Celestial
A tu espíritu.
Y que la paz de ambos
Reine entre los hijos de los hombres.
¡Venid a mí todos los que estáis cansados,
Y que pugnáis en el conflicto y la aflicción!
Pues mi paz os fortalecerá y consolará.
Pues mi paz es enteramente plena de gozo.

Las Virtudes

Las Virtudes nos enseñan el amor de la libertad y la santidad de la fe. Su función celestial es la de transformar nuestros pensamientos en materia. Son el eslabón esencial en el proceso que llamamos manifestación. Esto significa que lo que queremos y deseamos puede ser transformado en realidad material por nuestra firme intención de crearlo. A fin de que una cosa deseada se manifieste en nuestra existencia diaria, hemos de tener la fe de que no es posible tener lo que queremos. Cuando aceptamos que algo puede volverse una posibilidad real para nosotros, y nos desprendemos de la idea de ello y confiamos con todo nuestro corazón, entonces, si es para nuestro bien más elevado y nuestro más grande gozo, entrará en nuestras vidas. Las Virtudes ayudan durante el proceso de manifestación por transformar nuestros sueños en realidad. Nos enseñan que somos libres de desear cualquier cosa que creamos que nos dará felicidad y placer. Ayudan a que nuestras vidas se desenvuelvan en las formas que nos gustaría. Nos recuerdan lo importante que es confiar en lo positivo y ser creativos en nuestro pensamiento.

Nos traen las lecciones de la libertad, la confianza y la fe. Es su guía a lo largo de los tiempos duros y difíciles lo que nos sostiene. Nos ayudan a valorar y querer estas cualidades, pues saben que algo que no las incorpore no es verdaderamente posible en términos de una manifestación real y duradera.

Somos la libertad misma, y, sin embargo, en muchas de nuestras relaciones son expresiones de connivencia y codependencia más que de nuestro sí libre y más evolucionado. Conforme crecemos, se requiere confianza en el proceso de la vida misma para saber que estamos avanzando hacia la

Luz y hacia nuestra propia individualización. La fe es la cualidad más esencial para saber que todo es posible y que estamos verdaderamente protegidos y guiados.

Las Dominaciones

Los ángeles cantan alabanzas de su Señor y piden perdón para los que están en la Tierra.

EL CORÁN, XLII: 5

Las Dominaciones ofrecen a la humanidad la cualidad de la misericordia. Nos ayudan a reconciliar nuestro pasado y a encontrar el perdón en nuestros corazones. También nos traen el don de la sabiduría, capacitándonos para vivir en un estado de gracia. Nos ayudan a estar más plenamente en el presente, liberando la pesada energía de recriminaciones pasadas, que pueden pesar grandemente en nuestros espíritus y detener nuestra fuerza creativa.

Las Dominaciones son ángeles de gran luz y sensibilidad. Saben que a menudo, para la mayoría de nosotros, el perdón es una de las cosas más difíciles de pedirnos. Cuando ha habido un gran sufrimiento, a veces durante generaciones, el odio y el dolor están enraizados en nosotros. Estos espíritus divinos nos incitan delicadamente, una y otra vez, a soltar el yugo de nuestra negatividad. Alivian amorosamente el peso de nuestro sufrimiento y hacen que nos sea posible abandonar el pasado y vivir más plenamente en el momento.

EL CIELO DE LA CREACIÓN

Poderes: El Ángel de la
PAZ

El Ángel de la PAZ
ABRO MI CORAZÓN Y DESCANSO EN
LA PAZ DEL AMOR DIVINO

Este ángel significa las bendiciones que puede traer la paz.
Su manto lo envuelve en paz celestial. Las palomas en vuelo simbolizan tanto el abandono de nuestros temores primarios como los beneficios de la paz para incluir la calma y el contento.

REINO ANGÉLICO
Ángel del Cielo de la Creación

FUNCIÓN CELESTIAL
Guiar nuestras almas hacía la paz

DONES PARA LA TIERRA
Puede ayudarnos a reconciliar fuerzas opuestas en nuestras vidas; a encontrar soluciones a conflictos y paradojas; enseñarnos cómo estar en paz con nosotros mismos

El Ángel de la Paz canaliza la energía que necesitamos para resolver en nuestras vidas los conflictos y las paradojas. Nos ayuda a vivir una vida compatible con nuestras necesidades y deseos, dándonos la oportunidad de florecer de un modo apacible. Este ángel allana el camino hacia la paz, de modo que podamos encontrar el amor y aceptarnos a nosotros mismos. La paz nos ofrece la posibilidad de vivir en un modo congruente con nuestros ritmos y ciclos naturales, y que honre nuestros talentos y capacidades potenciales.

Una vez que hemos soltado nuestros temores primarios acerca de la supervivencia básica empezamos a aprender a confiar en la bondad de la vida. Muchos de nosotros podemos alcanzar este nivel de desarrollo conforme maduramos, y tras haber capeado una crisis, dolor o pérdida, simplemente para descubrir que estamos bien y profundamente intactos en nuestro núcleo. En nuestro centro mismo somos pura paz, y esta no puede ser destruida o disminuida por las circunstancias externas. Podemos escoger identificarnos con esta parte de nosotros mismos cuando abrimos nuestros corazones al Ángel de la Paz.

Una vez que hemos resuelto los conflictos de nuestro interior, nuestras vidas comienzan a asumir un sentido más profundo de paz y orden, lo que nos permite florecer como los seres únicos y creativos que somos. Es solo cuando estamos en paz cuando podemos ser verdaderamente creativos. De otro modo estamos limitados a representar de nuevo los dolorosos traumas de nuestras vidas.

Podemos ofrecer plegarias al Ángel de la Paz para que traiga paz a nuestro planeta, paz a nuestras familias y amigos y, lo más importante de todo, paz a nosotros mismos para que podamos resolver los dilemas y paradojas que encaramos. De este modo podemos finalmente llegar al descanso en la certeza de que somos una parte vital de la creación, y de que tenemos un papel valioso y significativo que representar.

Podemos apelar a este ángel cuando queremos la paz de mente, corazón y alma conforme nos volvemos internamente más sosegados y menos reactivos al conflicto externo que nos rodea. Este ángel nos guiará hacia situaciones y personas saludables que nos permitirán vivir en paz. Esta paz es duradera y sustentadora, y podemos alimentarnos de su fuerza cuando quiera que lo necesitemos. El Ángel de la Paz nos ofrece sus dones cada vez que nos hallamos estresados y tensos. Te envolverá en un manto reconfortante que te permita estar en paz contigo mismo.

Poderes: El Ángel de la
SERENIDAD

El Ángel de la **SERENIDAD**
ME SIENTO SERENO Y TRANQUILO
CUANDO ACEPTO QUIÉN SOY

El Ángel de la Serenidad porta la paloma que simboliza la serenidad de la vida. La postura calmada evoca la tranquilidad y la paz que constituyen el don de este ángel para nosotros. La serenidad es una bendición que nos permite sentirnos seguros y cómodos. Con el don de la serenidad tenemos la oportunidad de ser fructíferos en nuestras vidas.

REINO ANGÉLICO
Ángel del Ciclo de la Creación

FUNCIÓN CELESTIAL
Permitir a nuestras almas ser serenas

DONES PARA LA TIERRA
Puede ayudarnos a vivir serenamente nuestras vidas;
a encontrar soluciones a los conflictos;
a hallar la felicidad definitiva con nosotros mismos

El Ángel de la Serenidad danza con nosotros cuando nos embarcamos en las luchas y conflictos diarios. Este ángel nos desea la tranquilidad de la serenidad, y a menudo estimulará nuestros sueños para crear una visión de cómo podía ser la vida si tan solo nos atreviéramos a vivir a partir de ese lugar que se halla en nuestro interior. Este ángel siempre nos alentará a desenredarnos de la lucha y el conflicto. Esto se hace cambiando nuestra actitud y creando un lluevo marco para nuestra visión de una situación o persona.

El don de la serenidad viene cuando hemos sometido nuestras luchas y abandonado nuestra negatividad. Es un don que puede tambalearse de vez en cuando, pero una vez que hemos tenido la experiencia de él siempre lo querremos en nuestra vida. Podemos tomar parte en prácticas espirituales y esotéricas para tratar de alcanzar este estado. En verdad, la serenidad, como la paz, está siempre ahí a nuestra disposición cuando lentificamos nuestras vidas hasta una velocidad en la que podemos sentir nuestros sentimientos y sintonizamos con la unidad de la Fuente. Podemos ofrecer plegarias a este ángel para que nos dé una degustación de la serenidad, de modo que podamos hacer las adaptaciones y los cambios necesarios para vivir desde nuestro ser interior.

La serenidad significa abandonar la lucha y liberar el ego para vivir de forma congruente con nuestro Yo Superior. Podemos orar que alcancemos este estado espiritual, que significa saber que el universo es un lugar benigno y seguro y que verdaderamente pertenecemos a él. Cuando aceptamos nuestra unidad con la Fuente, podemos estar serenos a través de las crisis, cambios y pérdidas. Esta cualidad nos adviene con una actitud espiritual que reconoce que todo es como debería ser y que estamos donde hemos de estar, haciendo lo correcto. Esto significa dejar actitudes que dificultan ser felices y abandonar el dolor emocional que puede conducirnos a creer que la vida ha de ser tortuosa o extenuante.

Orar al Ángel de la Serenidad abre el canal para que esta esencia del amor de Dios penetre nuestras vidas. Nos permite vivir a partir de un centro profundo y rico, no conmovido por las circunstancias difíciles. Oramos pidiendo ayuda para eliminar los obstáculos a la serenidad que crean desorden en nuestra vida. Podemos también pedir al ángel que nos ayude a sentir que merecemos vivir de un modo sereno, de modo que nuestro propósito sea cumplido con facilidad y gracia.

EL CIELO DE LA CREACIÓN

Poderes: El Ángel de la
ARMONÍA

El Ángel de la ARMONÍA
VIVO EN ARMONÍA CUANDO ESTOY
EN SINTONÍA CON LA FUENTE

El Ángel de la Armonía es acompañado por los más bellos pájaros del aire, dirigiéndose en bandada al santuario de su apacible espíritu. Símbolos de la concordia floreciente, los pájaros cantores muestran el sentido de armonía que pueden darnos las buenas relaciones.

REINO ANGÉLICO
Ángel del Cielo de la Creación

FUNCIÓN ANGÉLICA
Permitir que nuestras almas descansen en armonía

DONES PARA LA TIERRA
Puede ayudarnos a vivir una vida armoniosa;
a buscar gente y lugares armoniosos;
a expresar nuestros espíritus de un modo armonioso

El Ángel de la Armonía comparte su gracia con nosotros cuando decidimos vivir una vida armoniosa. Vivir en armonía implica muchas cosas. Tiene un aspecto físico, que puede encontrarse en el ambiente en el que escogemos vivir. Es también un estado emocional, que refleja los grados de apertura, honradez e integridad que introducimos en nuestras vidas. Vivimos en armonía, en parte, cuando aceptamos nuestra dependencia de la tierra que nos alimenta y sostiene la vida. Estamos en armonía con nuestros sentimientos cuando les damos espacio para ser reales para nosotros.

Vivir en armonía con nosotros mismos significa que honramos nuestros propios dones especiales. Cuando vivimos en armonía con la verdad universal buscamos dar lo mejor de nosotros y recibir con corazón abierto. Vivir en armonía es un verdadero estado de energía, a partir del cual podemos experimentar la vida en un estado óptimo de flujo. Esto significa que queremos que un alimento bueno e integral enriquezca nuestros cuerpos, y que evitamos toda forma de abuso de sustancias. Necesitamos tener el descanso y el recreo suficientes de manera regular, y hacer un trabajo que sea a la vez creativo y emocionalmente satisfactorio. Juego, descanso, buenos amigos, belleza y estímulo espiritual son todos ingredientes vitales de una vida verdaderamente armoniosa.

Vivir en armonía con nuestra naturaleza interna profunda es vivir de acuerdo con las verdades universales. Estas verdades existen en todas las religiones y han sido aceptadas entre todas las culturas a lo largo de las edades. Son la base de un código ético que respeta la dignidad del individuo.

Vivimos en armonía cuando abandonamos el pasado y expulsamos nuestra negatividad. Aferrarse a la energía negativa es la base para la disonancia, y se conoce como enfermedad. Finalmente, encontramos gratitud en nuestros corazones para todas las cosas buenas que nos han sido dadas. La gratitud siempre nos dará la sensación de estar viviendo en armonía.

Podemos apelar al Ángel de la Armonía para que nos ayude a encontrar el sendero correcto hacia la armonía, y podemos pedir su asistencia para honrar cualquier cosa que podamos requerir para hacer nuestras vidas más gozosas y creativas. La armonía es un equilibrio entre los planos espiritual, emocional y físico.

Virtudes: El Ángel de la
LIBERTAD

El Ángel de la LIBERTAD
SIEMPRE SOY LIBRE DE ESCOGER EL AMOR, LA
INDEPENDENCIA Y LA CREATIVIDAD

El Ángel de la Libertad se muestra con una bella estola ondeando libremente al viento, un símbolo del flujo de la energía de la vida. Este ángel guarda el derecho del espíritu a expresar independencia y creatividad mientras vela por el mundo, protegiendo nuestra libertad.

Reino Angélico
Ángel del Cielo de la Creación

Función Angélica
Eliminar los obstáculos a la libertad

Dones para la Tierra
Puede ayudarnos a encontrar nuestra libertad;
a valorar su lugar en nuestras vidas;
a protegerla en nuestras relaciones de todo tipo

LAS VIRTUDES

El Ángel de la Libertad nos bendice y nos ayuda a realizar la libertad del espíritu divino de nuestro interior. Ofrece incontables dones cuando permitimos que la libertad sea parte integral de nuestra vida. Solo necesitamos desear la experiencia de nuestra libertad y este ángel nos asistirá para conocerla a cada paso. Nos ayudará a comprender que la libertad es quien somos.

La libertad tiene muchos aspectos, y este ángel nos mostrará los numerosos modos en que podemos compartir su don. Puede suponer libertad de las restricciones de nuestra existencia mundana. Puede también significar una profunda experiencia de quiénes somos en nuestro núcleo, y eso más bien es una consciencia de algo que hacemos. No es tanto el librarnos de algo como la libertad de ser nosotros mismos, lo que este ángel trae a nuestra conciencia.

Podemos orar al Ángel de la Libertad para que abra nuestros corazones y nuestras mentes al significado de la libertad. Y podemos descubrir que, como resultado de esto, necesitamos examinar nuestra capacidad de comunicar nuestras necesidades o de hablar por nosotros mismos a fin de facilitar nuestro salto hacia la libertad.

A veces se nos arroja el don de la libertad antes de estar conscientemente preparados para ella, y tardamos un tiempo en integrar nuestra experiencia y abandonar nuestros viejos patrones que nos atan a ideas preconcebidas sobre cómo debería ser la vida. Somos siempre libres de escoger cómo queremos ir por la vida: atados a viejas ideas, o abiertos a las ilimitadas oportunidades de expresarnos. Cuanta más libertad nos permitamos a nosotros mismos, tanto más gozoso e ilimitado será nuestro espectro de expresión. Ofrecemos plegarias al Ángel de la Libertad para que elimine los obstáculos que limitan nuestra autoexpresión, salud y gozo. Pedimos tener la capacidad de alimentar la libertad más que abusar de ella de un modo autodestructivo. Pedimos que a las gentes de todas partes se les permita escoger el don de la libertad.

Este ángel actúa mediante formas sutiles para alentarnos. Nos envía Luz y valor para satisfacer nuestra ansia de libertad. Nunca se halla lejos de nosotros cuando proseguimos nuestro sendero de crecimiento y desarrollo. Nos ayuda a asimilar esta consciencia desde lo profundo de nuestras almas como espíritus libres, dignos de la oportunidad de expresarnos.

EL CIELO DE LA CREACIÓN

Virtudes: El Ángel de la
CONFIANZA

El Ángel de la CONFIANZA
TENGO FE EN EL PODER DIVINO DE LA BONDAD
Y EL AMOR, QUE ME GUÍA Y ME PROTEGE

El Ángel de la Confianza se representa sosteniendo una estola, que utiliza como venda. Cuando tenemos los ojos vendados, hemos de confiar en nosotros mismos y en Dios, sabiendo que estamos protegidos por este ángel guardián, cuyas manos llegan hasta nosotros a través del abismo del tiempo y los asuntos mundanos para ofrecer libremente el bien.

REINO ANGÉLICO
Ángel del Cielo de la Creación

FUNCIÓN ANGÉLICA
Abrir nuestros corazones y nuestras mentes a confiar
en la bondad de la vida

DONES PARA LA TIERRA
Puede ayudarnos a aprender a confiar en nosotros mismos; aprender
a confiar en la vida misma; aprender a confiar en otra gente

El Ángel de la Confianza trabaja con nuestro Yo Superior para ayudarnos a expresar y desarrollar una actitud confiada hacia la vida.

Esta confianza puede manifestarse cuando nos sentimos atrapados en el umbral de dos mundos, atormentados por ser negativos, cínicos o destructivos, cuando deseamos ser positivos y creer que nuestro bien más elevado y nuestro gozo más grande están siendo cumplidos.

Este ángel nos ofrece el amor esencial de espíritu que necesitamos a fin de confiar y ser verdaderamente afirmadores de la vida. La confianza puede marcar toda la diferencia en las experiencias cualitativas de nuestra vida. Ser capaz de confiar es un ingrediente esencial de la felicidad y la tranquilidad, o de otro modo nuestra energía estará maniatada por la sospecha, la duda y el temor. La confianza nos da el valor de avanzar o asumir riesgos que no seríamos capaces de aceptar si careciéramos de este componente, vital para el crecimiento y la espiritualidad.

El Ángel de la Confianza nos ayuda a valorar nuestras experiencias y confiar en nuestras percepciones. Solo escuchando nuestra sabiduría interna podemos desarrollar la cualidad de la confianza que tan vitalmente necesitamos a fin de progresar a través de la vida. Cuando aprendemos a confiar en la bondad de la vida, pasamos un tiempo más gozoso y tenemos contactos más valiosos con los demás.

Por extraño que parezca, la confianza se refleja en todas nuestras elecciones, desde las relaciones que formamos, a los trabajos y profesiones que seguimos, pasando por el tipo de ropa que vestimos. Cuando carecemos de confianza, estamos llevando siempre un paraguas y escogiendo el modo más seguro y menos complicado de hacer algo, temerosos de vernos dañados o de hacerlo mal. Es solo cuando nos atrevemos a correr riesgos, a defender lo que sentimos y a confiar en nuestro sentido interno de lo que es correcto y lo que no lo es, cuando finalmente desarrollamos un sentido de maestría sobre la vida.

Podemos ofrecer plegarias a este ángel para que nos ayude a confiar en nuestro sentido interno de conocimiento; pedir la confianza en otro para sentirnos a salvo expresando nuestro amor y cuidado de otro. Este ángel desea que nuestras experiencias de la vida sean saludables y enriquecedoras. Nada más demoledor para nuestros espíritus que el ser taimados o la traición.

Virtudes: El Ángel de la
FE

El Ángel de la **FE**
TENGO FE EN QUE LA BONDAD Y EL GOZO
SON MÍOS, AHORA Y POR SIEMPRE

El Ángel de la Fe permanece sereno, sabiendo que la fe es duradera. Sostiene la estola sagrada que nos envuelve en una fe profunda, y que simboliza su protección a través de los problemas de la vida. Nos recuerda lo que se pide de nosotros cuando mantenemos nuestra fe.

REINO ANGÉLICO
Ángel del Cielo de la Creación

FUNCIÓN ANGÉLICA
Ayudar a la humanidad a encontrar la fe en Dios y sus ángeles

DONES PARA LA TIERRA
Puede ayudarnos a tener fe cuando las cosas están difíciles;
a expresar nuestra fe en la bondad de la vida;
a permitir que la fe sea la luz que nos guía a través de nuestras vidas

Cuando las pruebas de la vida están abrumándonos, podemos encontrar la fe de que todo saldrá bien. Esta fe nos sostiene en los tiempos difíciles. Podemos a veces tropezar y perder nuestro rumbo, pero la fe de que, en última instancia, todo es para nuestro mayor bien, puede elevarnos por encima de nuestra duda y desesperación. La fe es la creencia de que sea lo que fuere que pidas a Dios que te envíe, ya se halla de camino. La fe es la aceptación de la incertidumbre y la firme creencia de que al final todo acaba bien.

En esta era de la gratificación instantánea carecemos de oportunidades para expresar nuestra fe, excepto cuando aparecen graves crisis. La fe es algo que solo nosotros podemos decidir desarrollar; nadie puede dárnosla o siquiera decirnos cómo cultivarla. La gente puede hablarnos de ella y contarnos sus propias experiencias personales, pero esencialmente nos viene a partir de una profunda conexión interna con nosotros mismos.

La vida es realmente muy simple cuando tenemos fe. Podemos seguir a nuestro corazón y vivir una vida dedicada y llena de significado en la fe de que estamos cumpliendo un plan. Nos alzamos por encima de nuestros egos limitados para tener fe en el conocimiento de que este es un universo benigno y amoroso, y que somos parte del catalizador que está cambiando el mundo hacia un lugar mejor.

La fe nos ayuda a aguardar con paciencia la luz cuando solo podemos ver oscuridad frente a nosotros. Es un componente esencial de la vida tener fe en que, cualquiera que sea nuestro destino, es correcto para nosotros. La fe es un conocimiento cada vez más profundo de que somos guiados, amados y protegidos en todo momento. Solo necesitamos someternos a ese amor para dejar que el propósito de nuestras vidas se cumpla.

Podemos orar al Ángel de la Fe para que nos ayude a renovar nuestra fe en el proceso de la vida. Nos ayudará a aceptar esas cosas que no podemos cambiar, así como todo lo que nos ha sido dado para trabajar con ello y refinarlo en nuestras vidas. En última instancia, nos transportará a través de las transiciones duras y difíciles, y nos ayudará a renovar nuestro amor por el Ser y la humanidad. El Ángel de la Fe está ahí para ayudarnos a tender un puente sobre la brecha entre esta vida material y mundana y el plano espiritual.

EL CIELO DE LA CREACIÓN

Dominaciones: El Ángel de la
RECONCILIACIÓN

El Ángel de la RECONCILIACIÓN
QUE ME RECONCILIE PLENAMENTE CON
LO QUE HE DEJADO DETRÁS DE MI

Este ángel se muestra sosteniendo un lirio, que es aquí un símbolo de reconciliación, ofreciendo esperanza y solaz a quienes los necesitan. El ángel nos ofrece la paz y la sabiduría que necesitamos para la reconciliación. Trae la nueva aurora de la consciencia, cuando iniciamos nuestras vidas frescamente, viviendo mágicamente en el momento presente.

REINO ANGÉLICO
Ángel del Cielo de la Creación

FUNCIÓN ANGÉLICA
Reconciliarnos con la Luz

DONES PARA LA TIERRA
Puede ayudarnos a liberar traumas dolorosos que distorsionan nuestra visión de la vida; a traernos más plenamente al flujo presente de la vida; a abrir nuestros corazones al bien

El Ángel de la Reconciliación nos ofrece la oportunidad de deshacernos del bagaje viejo e inútil de nuestro pasado. Reconciliándonos con el pasado nos descargamos de las penas, daños y resentimientos que taponan y congestionan nuestra energía y nos cargan con su peso. Necesitamos nuestra vitalidad para vivir en el presente, no para sumergir nuestra vida en viejos resentimientos.

El Ángel de la Reconciliación trabaja para ayudarnos a integrar nuestro pasado con nuestra realidad presente. Nos ayuda a ver las verdades espirituales, de modo que podamos aprender de nuestro pasado. De este modo cualquier dolor puede ser visto de un modo nuevo como un paso positivo del crecimiento, incluso las experiencias más brutales.

Este ángel está siempre facilitando la transición desde el pasado al presente, ofreciéndonos la oportunidad de aceptar las cosas como son. Trátese de algo que hicimos a los demás o a nosotros mismos, o de algo que nos sucedió, este ángel nos ayudará a reconciliar nuestro pasado. El proceso de dejar marchar el pasado nos ayuda a redimir nuestro espíritu. Libera la energía que hemos invertido en proyectar nuestros sentimientos sobre situaciones, personas y sucesos pasados. Cuando estamos limitados por la pena, el duelo, los agravios o la amargura, estamos realmente destruyendo la vitalidad y el gozo del ahora siempre presente. El pasado es una piedra de tropiezo en el camino hacia la salud, si preferimos verlo de ese modo.

Podemos ofrecer nuestras plegarias al Ángel de la Reconciliación para que nos ayude a aceptar el pasado tal como fue, y a abandonar nuestras ideas negativas acerca de cómo debería haber sido. Podemos pedir que las lecciones de las experiencias pasadas nos ayuden a desarrollarnos como adultos de mente sana capaces de avanzar hacia el gozo del presente. Esto nos dará tanto placer como sabiduría.

Pedimos a este ángel que nos muestre cómo integrar nuestro pasado en un presente vivo, pleno de gozo y realización. Pedimos guía para abandonar el pasado y aceptar que siempre podemos hacer un nuevo comienzo. La reconciliación no tiene que ver con cambiar algo que no puede ser alterado. Es más bien transformar nuestra visión de cómo fue el pasado, y cómo podemos facultarnos y capacitarnos ahora a nosotros mismos haciendo elecciones positivas para nuestro bienestar.

EL CIELO DE LA CREACIÓN

Dominaciones: El Ángel de la
MISERICORDIA

El Ángel de la MISERICORDIA
LA MISERICORDIA DIVINA MEDA LA GRACIA
DE SER TIERNO Y ACEPTADOR

Este ángel se ilustra con atuendo, que nos envuelve con bendición de la misericordia cuando estamos débiles. Trae esperanza y socorro a quienes están luchando, y renueva nuestra creencia en la misericordia omniabarcante de Dios. El lirio es un símbolo universal de la pureza y la verdad.

REINO ANGÉLICO
Ángel del Cielo de la Creación

FUNCIÓN ANGÉLICA
Traer la misericordia a nuestras vidas

DONES PARA LA TIERRA
Puede ayudarnos a comprender el amor de Dios por la humanidad;
a volvernos conscientes de que somos protegidos y guiados;
a considerar la gratitud por las bendiciones que recibimos
en nuestras vidas

El Ángel de la Misericordia nos ofrece el amor de Dios como una realidad viviente. Cuando nos enfrentamos a una situación insoportable y de repente hay un cambio de energía o de circunstancias, estamos siendo bendecidos por el Ángel de la Misericordia. Somos ayudados constantemente para darle la vuelta a nuestros pensamientos y actitudes a través de la ayuda de la misericordia Divina.

Puede ser con maneras pequeñas y sutiles como experimentemos la misericordia. Puede venir bajo la forma de una llamada amistosa cuando sentimos desesperación, o de un delicado empujón a nuestra confianza en circunstancias en las que nos sentimos inseguros de nosotros mismos. Podría mostrarse en multitud de situaciones que no controlamos, o cuando somos afectados por nuestras mentes conscientes. Por ejemplo, podríamos encontrar una persona que cambia nuestra vida, o podríamos ser aceptados o rechazados para un trabajo o unos estudios. Al reflexionar, empezamos a comprender las asombrosas consecuencias que este punto de inflexión tuvo en nuestras vidas. En el mundo racional, a esto se le podría llamar mera coincidencia. Yo, sin embargo, prefiero aceptarlo como el don del Ángel de la Misericordia, que trabaja porque se realicen nuestras vidas.

Lo que esta consciencia de guía e intervención nos trae es una comprensión del no-hacer; no hemos de esforzarnos y apremiarnos, o ser severos o punitivos con nosotros mismos, porque las cosas no funcionen como quisiéramos. Confiar en la Misericordia Divina como un don proveniente de los ángeles, nos permite participar plenamente en el proceso de nuestras vidas.

Podemos orar al Ángel de la Misericordia para que sea activo en nuestras vidas. Sin tratar de controlar nuestras circunstancias, podemos aceptar que la misericordia está siéndonos dada constantemente, y que podemos someternos a la Fuente. Podemos aceptar el don de la misericordia siendo tiernos y afectuosos con nosotros mismos y con los demás. Cuando olvidamos la misericordia, nos volvemos dominantes y controladores, pisoteando a todos, viviendo desde nuestro ego, y abriéndonos a elevados niveles de conflictividad. El sendero de la aceptación nos ofrece la misericordia como un don del amor incondicional. La misericordia nos transporta en los tiempos difíciles de nuestras vidas hasta nuevos niveles de consciencia en los que vivimos más plenamente a la luz del amor Divino.

Dominaciones: El Ángel del PERDÓN

El Ángel del PERDÓN
DECIDO PERDONAR A TODOS AQUELLOS
QUE ME HAN HERIDO EN EL PASADO

A este ángel se le ve sosteniendo el lirio de la pureza con el que bendice a todos los que piden el perdón. La hermandad es una consecuencia natural cuando perdonamos a otros. Perdonar significa que abandonamos las lágrimas de heridas pasadas y la ira del resentimiento pasado, para vivir el amor de los ángeles en el aquí y ahora.

Reino Angélico
Ángel del Cielo de la Creación

Función Angélica
Ayudarnos a perdonar y dejar ir el pasado

Dones para la Tierra
Puede ayudar a que nos honremos y facultemos a nosotros mismos cuando perdonamos a otros; a vivir en el presente cuando perdonamos el pasado; a crear el espacio para que medre la intimidad cuando perdonamos a otros

El Ángel del Perdón nos alienta e incita a considerar las heridas y resentimientos pasados bajo una nueva luz. Ganamos en respeto a nosotros mismos y en sabiduría cuando somos capaces de dejar marchar el pasado y perdonar a quienes nos han herido. De otro modo, permanecemos atrapados en la creencia de ser víctimas, sin posibilidad alguna de alterar nuestras vidas.

El perdón no significa que condonemos el mal comportamiento, ni significa necesariamente que haya de gustarnos la gente que nos trató mal. Significa, sin embargo, que cuando perdonamos a otros renunciamos a nuestra ira y resentimiento. Cuando perdonamos, nos quedamos ligeros de espíritu y sintiéndonos bien con nosotros mismos. Sin eso no tenemos posibilidad alguna de estar verdaderamente capacitados. Seguiríamos creyendo que otros nos trataron mal y siempre arrastraríamos ese resentimiento. Corroe nuestras entrañas; es la materia prima de la que se forman las enfermedades. Perpetramos un abuso y una injusticia sobre nosotros mismos llevando con nosotros a todas partes sentimientos negativos.

El perdón nos libera y nos ayuda a abrir un canal más profundo para relacionarnos con los demás. Podemos necesitar ayuda para perdonar, y el Ángel del Perdón nos ofrece la gracia de encontrar ternura en nuestros corazones, y el valor de pedir ayuda cuando el perdón se nos antoja una tarea demasiado intimidante.

El perdón nos ayuda a ser receptivos a la curación y el amor. Cuando perdonamos, estamos aumentando nuestros niveles de autoestima, pues, de hecho, el punto de poder real sólo se halla dentro de nosotros. Estamos, en efecto, diciendo que ya no deseamos ser víctimas del abuso, la traición, o cualquier otra forma de negatividad que obstaculice nuestra felicidad. El perdón, como el reconocimiento, es lo que nos ayuda a crecer como gente feliz y saludable.

Podemos pedir al Ángel del Perdón que nos muestre el sendero para deshacernos de la acusación y la injuria. Es realmente solo nuestra disposición a liberarnos del fardo de la negatividad lo que iniciará el proceso de curación. Esta liberación nos da la oportunidad de despejar otros aspectos de nuestra vida en los que pudieran haber resentimientos y penas ocultos que bloquean nuestro gozo. Pidiendo al Ángel del Perdón que nos ayude a soltar nuestra negatividad, estamos capacitando al proceso de curación para que se inicie.

EL CIELO DEL PARAÍSO

Llegamos al nivel del Cielo que se halla más próximo a la Presencia Divina. Es aquí donde sometemos nuestro ego al amor incondicional de Dios y de sus ángeles. Nuestras almas hallan aquí su hogar, sintonizadas con la sabiduría y el amor Divinos. Es dentro de este reino donde vivimos desde la realidad de nuestros corazones, y que no hay separación entre nuestra voluntad y la voluntad de Dios.

El Cielo del Paraíso es el reino de la bienaventuranza y el gozo puro. Es donde la creación sucede sin esfuerzo, y donde nuestras experiencias humanas son armoniosas y completas. No existe aquí confusión o necesidad de supervivencia, pues el espíritu ha trascendido las disputas terrenas.

En el Cielo de la Forma los ángeles nos ofrecieron la ayuda que necesitábamos para manejar nuestras vidas en el plano físico. En ese primer nivel evitamos el desastre, superamos los peligros y renunciamos a la negatividad. Los Arcángeles nos mostraron el camino hacia la curación y el sendero evolutivo hacia ser en totalidad. Nuestros Ángeles Guardianes nos guiaron a través de los cielos de madurez y crecimiento.

Dirigimos entonces nuestras energías hacia nuestras relaciones, permitiendo a nuestros espíritus ser fortalecidos por medio de la purificación de nuestros pensamientos y actitudes, y soltando nuestros sentimientos bloqueados y negativos. Llegamos ahora a ese lugar dentro de las esferas celestiales en donde reinan el amor y la sabiduría, y donde somos delicada y tiernamente guiados a conectarnos con la Fuente que vive en nuestro interior. Cuanto más nos aproximamos a la Fuente, más nos percatamos de que no se halla separada de nosotros -somos, de hecho, uno con ella.

Llegamos a experimentar la total Unidad de la Fuente en todas las cosas. No somos meramente testigos de la creación, sino más bien una parte intrínseca de la gloria que expresa esa Unidad y Unicidad.

Es en este Cielo donde se materializan nuestros sueños, pues este es el reino de los milagros. Aquí la creatividad está manifestando perpetuamente el poder y la gloria de la Divinidad. Los ángeles de este cielo nos ofrecen los mayores dones de amor y sabiduría. Cuando abrimos nuestros corazones nos vemos inundados por el gozo del amor de Dios por nosotros, y nos sintonizamos para ser cocreadores con la Fuente. A este nivel operamos conjuntamente con los ángeles.

Los tres tipos de ángeles del Cielo del Paraíso son los Serafines, los Querubines y los Ofanines, más conocidos como los Tronos, pues son los que más próximos se sientan junto al Trono de la Divinidad.

Los Serafines

¡A los Ángeles que son los Hacedores y Gobernadores,
los Moldeadores y Vigilantes,
Los Conservadores y Preservadores de la Tierra Abundante!
Y de todas las Creaciones del Padre Celestial.
¡Invocamos a los buenos, fuertes y benefactores
Ángeles del Padre Celestial y la Madre Terrenal!
¡A los de la Luz!
¡A los del Cielo!
¡A los de las Aguas!
¡A los de las Plantas!
¡A los de los Hijos de la Luz!
¡A los de la Santa y Eterna Creación!
Adoramos a los Ángeles
Que fueron los primeros en atender el pensamiento y la enseñanza,
Del Padre celestial,
De quien los Ángeles formaron la semilla de las naciones.

EL EVANGELIO DE LOS ESENIOS

Los Serafines están asociados con la esencia misma de la creación. Ellos, en su luz, son los creadores de los milagros. Transmiten la energía de Dios para crear la sustancia elemental de la cual es formada la vida, y que penetra todo el universo. Son conocidos como los Ángeles del milagro del amor. Nos ofrecen eternamente un amor incondicional. Alientan y apoyan nuestra evolución espiritual hasta el grado más elevado, hasta que somos uno con el espíritu creativo de la Fuente.

En EL ORÁCULO DE LOS ÁNGELES se les llama el Ángel del Milagro del Amor, el Ángel de la Esencia del Amor y el Ángel del Amor Eterno. Representan el espíritu de magnificencia que conocemos como el amor incondicional y eternamente duradero. Somos testigos de ello en cada acto de creación. Es algo que inunda el universo con su poder mismo. Es a través de los Serafines como llegamos a conectarnos con este amor y a reconocer su esplendor.

Los Serafines ofrecen a quienes buscamos este bienaventurado estado de unidad con la Fuente, modos de refinar y sintonizar nuestras vibraciones con los niveles más elevados de consciencia. Pueden, por ejemplo, traernos el milagro de instructores o maestro especiales, tanto físicos como no físicos. Estos instructores son ellos mismos seres que han entrado en contacto con la Luz y que, a través de diversos medios de purificación, han quemado la escoria de su negatividad, sometiéndose a la unidad de la vida.

Los Serafines nos recuerdan constantemente el milagro del amor, y de cómo somos renovados y transformados plenamente por esta portentosa energía. Nos ayudan a curar el dolor de toda separación y pérdida, a caer en la cuenta de que el amor es eterno y absolutamente indivisible.

Los Querubines

Los Querubines guardan la entrada al Paraíso. Son los portadores de la sabiduría final de este universo. Ayudan a todos los que están asociados con la sabiduría, y ofrecen fuerza a todos los que están sintonizados con la palabra de Dios. Llenan el universo con la sabiduría de Dios. Cuando estamos sintonizados con la vibración de su amor experimentamos las profundidades de conocimiento de nuestro interior. Este es un reflejo claro y directo de la sabiduría que canalizan hacia nosotros, en su esperanza de que conoceremos a Dios y comprenderemos la magnitud del amor incondicional que vive dentro de nosotros.

Los Querubines nos ofrecen su consciencia, clara como el cristal, de la unidad de toda vida. En el Oráculo se les conoce como el Ángel de la Sabiduría, el Ángel del Discernimiento y el Ángel del Conocimiento. Son los mensajeros de Dios, compartiendo su plenitud de amor y conocimiento. Nos ofrecen la posibilidad de conocer los misterios de la vida a través de la transmutación del conocimiento en sabiduría. No son el niño pequeño y gordinflón tan a menudo pintado en el arte angélico, sino más bien la pureza de espíritu encarnada en los chiquitines que se saben a salvo y profundamente amados.

Los Tronos

Los Tronos son la forma angélica más próxima a la Fuente Divina misma. Existen más allá de la forma, y, sin embargo, su función angélica es la de transformar los pensamientos en materia. Existen al nivel del pensamiento puro y son los conductores de la vibración del amor de Dios hacia la forma material.

Actúan como los Ojos de Dios y asumen la forma de corrientes arremolinadas de luz coloreada. En el Oráculo se los conoce como el Ángel de Ser, el Ángel del Poder y el Ángel de la Gloria. Transmiten el poder y la gloria de la Fuente a todo lo largo del universo, ofreciendo un constante rayo de luz que nos permita manifestar este amor en nuestras vidas. Cuando liberamos nuestras mentes y experimentamos abiertamente el momento, estamos viviendo la gloria y el esplendor de la creación tal como se pretendía. Es entonces cuando los Tronos nos transportan a los reinos de la bienaventuranza.

Existen en el momento siempre presente, y conforme progresamos más allá de nuestra identificación superficial -quien creemos ser- y comenzamos a vivir como cocreadores del universo junto con la Fuente, descubrimos que existimos más completamente en el presente. De este modo somos atraídos a los reinos de la creatividad, el amor y la sabiduría, que son tan profundos que podemos ser incapaces de dar descripciones con sentido de nuestras experiencias. Este es el Cielo del Paraíso, del que poetas y místicos han hablado a lo largo de las épocas. Todo lo que requiere de nosotros es que dejemos caer nuestros egos y vivamos abierta y confiadamente en el momento siempre presente, libres de las ilusiones que incapacitan y atrofian a nuestros espíritus. Con la ayuda de los ángeles somos todos capaces de vivir tal como se pretendía, en gozo, en bienaventuranza y con el conocimiento de que somos verdaderamente amados y queridos.

El reino de los Tronos es el nivel más elevado al que pueden ascender los ángeles. Dan «alabanzas y gracias interminables» a la Fuente, sabiendo que este amor y misericordia perdurarán en la eternidad.

Serafines: El Ángel del
MILAGRO DEL AMOR

El Ángel del MILAGRO DEL AMOR
SOY TRAÍDO A LA VIDA POR EL
MILAGRO DEL AMOR

El ángel aparece flanqueado por pájaros, un símbolo del milagro del amor. Las ruedas de fuego aladas simbolizan a los Serafines mismos. El ojo en la parte superior representa el símbolo del Cielo del Paraíso. El corazón en la parte de abajo y las manos abiertas muestran el anhelo de amor real que todos nosotros compartimos.

Reino Angélico
Ángel del Cielo del Paraíso

Función Angélica
Traer milagros a nuestra vida

Dones para la Tierra
Puede ayudar a que te abras y recibas el amor que deseas; a cuidar del amor que tienes en tu vida; a reconocer el milagro del amor procedente de la Fuente

LOS SERAFINES

El Ángel del Milagro del Amor nos ofrece la posibilidad de conocer el amor de Dios de un modo profundamente significativo e íntimo. Para unos puede ser la paternidad, para otros en una comunidad espiritual o terapéutica de hermanos y hermanas, para otros venir a través de una relación profundamente personal. A cada uno nos da la posibilidad del milagro del amor, y como individuos únicos se nos ofrecerá el don del amor de Dios en modos singulares que son perfectos para nosotros.

Nuestra posible elección es la de abrir nuestros corazones de forma que seamos receptivos a ese amor. Cuando escogemos el amor en nuestras vidas, los ángeles nos abrazan y llenan nuestros corazones con la gracia del amor Divino. Este milagro del amor como mejor se expresa es a través de las interacciones humanas; pues el amor sagrado ofrece su más bello reflejo en nuestras relaciones de unos con otros.

Podemos ofrecer nuestras oraciones al Ángel del Milagro del Amor para que nos bendiga en nuestra vida con este preciosísimo don. Podemos ser receptivos y limpios de negatividad, de modo que nuestra capacidad de mimar y preservar este amor y dejarlo crecer se expanda constantemente. El amor es muy precioso; es nuestro mayor tesoro. En cualquier forma que llegue, podemos mimarlo, cuidando de no darlo por supuesto o de tratarlo abusivamente. Cuanto más claros seamos en nosotros mismos, menos mancillaremos o expondremos este don a una energía errónea. El amor es tan especial que solo podemos honrar y agradecer a la Fuente por experimentarlo. Conforme permanecemos limpios, trabajando sobre nosotros mismos, asumiendo la responsabilidad por nuestras proyecciones y manteniendo una actitud positiva, nos volvemos cada vez más capaces de recibir el amor de Dios.

Los milagros nos son dados gratuitamente por el Espíritu Santo. Están a disposición de todo el mundo. Solo se nos pide que estemos prestos a recibirlos, que purifiquemos nuestro corazón y abramos nuestro espíritu para recibir el don del milagro del amor. Podemos orar al Ángel del Milagro del Amor para que sea nuestro guía conforme nos volvemos conscientes de que esto es lo que verdaderamente anhelamos en nuestra vida. Conocer el amor dentro de nosotros es conocer el amor que nos rodea. El amor de Dios carece de limitaciones o fronteras. Empapa toda sustancia viva y puede experimentase en todo.

Serafines: El Ángel de la
ESENCIA DEL AMOR

El Ángel de la ESENCIA DEL AMOR
QUE EL AMOR SEA EL CENTRO
DE MI VIDA

El ojo, símbolo del Cielo del Paraíso, lanza destellos radiantes a través del universo. El león simboliza el fuego y la pasión que el amor puede excitar en nosotros. Esta pasión se ve a través de toda la creación, que aquí está simbolizada por la luna y las estrellas. Las ruedas ígneas y aladas son el símbolo de los Serafines.

REINO ANGÉLICO
Ángel del Cielo del Paraíso

FUNCIÓN ANGÉLICA
Proteger la esencia del amor

DONES PARA LA TIERRA
Puede ayudarte a comprender que en tu núcleo eres amor;
a experimentar amor en todas las cosas;
a compartir la esencia de tu ser con los demás

LOS SERAFINES

El Ángel de la Esencia del Amor nos ayuda a quitarnos la máscara de la ilusión y ver que el amor es la esencia de toda la vida. Este ángel trabaja para ayudarnos a salir del limitado capullo de nuestro ego y mostrarnos como las espléndidas criaturas de luz que somos. Cuando hemos penetrado las ilusiones de la personalidad y la naturaleza destructiva de la negatividad, comprendemos que, en nuestro núcleo, lo que somos es una fuente de amor.

Este amor vive en el centro de toda célula viviente de nuestros cuerpos, y en el corazón de todos los seres vivientes. La conciencia de que estamos hechos atraviesa también toda otra sustancia viviente. Nuestra propia y dulce esencia es la misma que la esencia universal del amor que nos une y ata íntimamente con la Fuente.

Podemos ofrecer plegarias al Ángel de la Esencia del Amor para que nos ayude a reconocer la esencia que reside en el centro de nuestro ser. Cuando elegimos identificarnos con esta esencia, provenimos de nuestro Yo superior, que es un aspecto de la Divinidad, más que del otro yo, el del ego pequeño e individual. Buscamos asistencia para que nos ayude a desprendernos de las ilusiones de nuestro ser y encontrar la realidad inmortal de que somos uno con la Fuente y con toda vida. Oramos para ser capaces de conectarnos con esa unidad y recordar la naturaleza eterna e incondicional de ese amor.

Conforme abrimos nuestros corazones al amor de nuestro interior, hallamos que la esencia del amor es la sustancia básica y fundamental de la vida. Sin ella nada podría crecer o florecer, y la vida dejaría de existir. El Ángel de la Esencia del Amor guarda con cuidado esta sustancia dentro de cada uno de nosotros. Cuando decidimos vivir desde este espacio, se nos dan incontables tesoros en forma de experiencias que nos sirven de reconocimiento de que el amor es lo que somos.

— ✶ —

Serafines: *El Ángel del*
AMOR ETERNO

El Ángel del **AMOR ETERNO**
AL DEJAR ENTRAR EL AMOR, PERMANECE EN MI ALMA POR SIEMPRE

El ojo que todo lo ve confirma que este es un ángel del Cielo del Paraíso. El delfín representa la conciencia y el gozo del amor eterno, al igual que las olas que hay debajo de él. Las ruedas ígneas son el símbolo de los Serafines. La serpiente que se muerde su cola es el Uróboros, símbolo de la totalidad y la eternidad.

Reino Angélico
Ángel del Cielo del Paraíso

Función Angélica
Transmitir el amor eterno e incondicional de Dios

Dones para la Tierra
Puede ayudarte a recordar que el amor es para siempre;
a perder el temor a que el amor sea limitado;
a abrirte al espíritu que es la Fuente de este amor

El Ángel del Amor Eterno es un manantial de consuelo y solazamiento para cualquiera que esté apenado por el amor perdido.

Como cuestión de hecho, el amor no puede perderse. Es indeleble, y permanece como parte de nosotros a través de la eternidad. Es como si el amor quedase injertado en nuestras almas, y con cada experiencia del amor nuestra alma se expandiera y desarrollara. Propicia y amplía nuestra perspectiva de nosotros mismos, nos ayuda a comprender que el universo es un lugar seguro y dulce, destinado a darnos felicidad y gozo.

Todo amor puede ser reexperimentado en la memoria consciente por el uso de la meditación, o diversas técnicas curativas. El amor no muere con el cuerpo físico. Es eterno. Puede ser vuelto a llamar cuando tenemos necesidad de él.

El Ángel del Amor Eterno ofrece a cada uno de los que amamos el gozo de saber que el espíritu conserva el recuerdo del amor. Cuando hemos perdido alguien próximo a nosotros, el amor compartido no disminuye. Realmente permanece con nosotros, se convierte en parte de nosotros y hace avanzar nuestro desarrollo espiritual. Este ángel nos ayuda a ser conscientes del hecho y nos ayuda a mantener el amor vivo en nuestros corazones. En algún punto de nuestras vidas necesitaremos su amor y asistencia, pues en este mundo físico no podemos evitar las pérdidas. Este ángel nos trae el consuelo y la conciencia de que el amor nunca muere. El amor puede conectar a la gente a lo largo de la vida y puede incluso reunir a personas que han amado en el pasado y que se han juntado en esta vida para completar ese amor. Algún amor puede perdurar a través de edades de separación. Cuando las personas son almas gemelas se encontrarán una y otra vez, sea en este plano físico o en otro nivel más etéreo.

Podemos orar al Ángel del Amor Eterno para que elimine el velo de la inconsciencia que se interpone entre nosotros y nuestra conciencia del amor eterno. Si estamos solos o abandonados, podemos orar a este ángel para encontrar consuelo en el recuerdo de un amor que fue esencial para nosotros en algún momento de nuestra vida. Podemos decidir conscientemente que queremos recordar el amor de amigos, familiares, instructores, de hecho el de cualquiera con quien hayamos compartido el amor. Ese recuerdo permanece con nosotros y es parte de quien somos. Ese amor es indeleble.

Querubines: El Ángel de la
SABIDURÍA

El Ángel de la SABIDURÍA
LA SABIDURÍA PROVIENE DE
LAS PROFUNDIDADES DE MI EXPERIENCIA

Este ángel aparece guardando las puertas del Paraíso, con el ojo simbólico irradiando sus destellos de omnisciencia. El ángel impide entrar a todos los que no conocen su propia naturaleza Divina. La vela significa la llama de la Sabiduría, sin la cual somos incapaces de experimentar los gozos del Paraíso.

REINO ANGÉLICO
Ángel del Cielo del Paraíso

FUNCIÓN ANGÉLICA
Traer sabiduría a la vida de todos nosotros

DONES PARA LA TIERRA
Puede ayudar a que te vuelvas receptivo a la sabiduría de Dios;
a encontrar la sabiduría en tu vida;
a buscar la sabiduría en todas tus experiencias

Este ángel es el portador de la sabiduría de Dios, que es llevada a lo largo de todo el universo para quienes buscan conocer la Palabra de Dios. Este ángel nos ayuda a encontrar nuestra sabiduría abriéndonos a las profundidades de nuestra experiencia y sabiendo lo que es verdadero para nosotros.

Cuando nos damos la oportunidad de reflexionar, sintetizar y destilar nuestras experiencias personales, encontramos sabiduría. Con ella podemos progresar por nuestro sendero, enriqueciendo nuestra comprensión y profundizando nuestra espiritualidad.

Solo ahora estamos realmente comenzando a ver la sabiduría de las antiguas enseñanzas y a reaplicarlas a nuestra salud y estilo de vida. La sabiduría es una conciencia interna que se proyecta en el mundo que nos rodea de modo que podamos vivir en paz y armonía.

El Ángel de la Sabiduría nos trae el don de la sabiduría. Se dice en la Biblia que la sabiduría es más valiosa que el oro. Ciertamente, necesitamos sabiduría para nuestro crecimiento y desarrollo espiritual. Sin sabiduría estamos a merced de los efectos del mundo material, y podemos fácilmente perder nuestra integridad e identidad personal.

La sabiduría es algo que todas las culturas han honrado y reconocido. Las civilizaciones antiguas respetaron y reverenciaron a aquellos que a través de su experiencia habían llegado a entender el significado interno de la vida, y eran capaces de darle un sentido a la pérdida, el trauma y la separación. Esta cualidad de la sabiduría es algo que estamos empezando a reevaluar en nuestro mundo moderno y, esperemos, a respetar. Podemos buscar la ayuda del Ángel de la Sabiduría para que nos guíe hacia la sabiduría de nuestro interior. Es desde este lugar desde el que podemos hacer elecciones saludables y sabias para nuestro bienestar y felicidad.

Podemos ofrecer nuestras oraciones al Ángel de la Sabiduría para mostrarnos cómo darle un sentido a las experiencias de nuestra vida, y cómo encontrar ese significado por nosotros mismos. Podemos pedir sabiduría para nuestra curación y para la curación de nuestro planeta. Es sin duda a través del don de la sabiduría como somos capaces de encontrar nuestra bienaventuranza en vida. El Ángel de la Sabiduría está ahí para ayudarnos a encontrar el sendero sabio y curativo.

Querubines: El Ángel del
DISCERNIMIENTO

El Ángel del DISCERNIMIENTO
A TRAVÉS DE LA GRACIA DE LA DIVINIDAD
SOY CAPAZ DE CONOCER EL SENDERO CORRECTO

El Ángel del Discernimiento se ha elevado por encima de las nubes de la confusión, y sostiene un orbe que expresa la claridad de intención. El don del ángel es la luz del discernimiento, y cuando nos enfocamos en esta luz somos capaces de ver lo que es para nuestro bien más elevado. El ojo es el símbolo del Cielo del Paraíso.

REINO ANGÉLICO
Ángel del Cielo del Paraíso

FUNCIÓN ANGÉLICA
Ofrecer discernimiento a todos los que recorren el sendero de la Luz

DONES PARA LA TIERRA
Puede ayudarte a conocer tu sendero correcto; a escoger lo que es realmente bueno para ti; a conocer aquello que pueda servir a tu bien más elevado y a tu mayor gozo

El Ángel de Discernimiento nos enseña a honrar nuestra voz interna y a escuchar a nuestros corazones. Si se nos plantean elecciones complejas que implican tomar decisiones difíciles capaces de afectar nuestra evolución espiritual, este ángel nos ayudará a escoger el sendero correcto. Siempre nos está guiando hacia aquello que servirá a nuestro crecimiento y que nos ayudará a desarrollar nuestras fortalezas y dones. El discernimiento elimina lo que es negativo, intelectual y quizá potencialmente dañino para nosotros. Aprender el discernimiento es refinar nuestra habilidad para sentir cuál es el sendero más saludable y gozoso para nosotros.

El discernimiento es la capacidad de conocer aquello que en última instancia es para nuestro mayor bien. No es necesariamente el sendero fácil o popular. Es, sin embargo, el sendero más adecuado para el bien. Podemos saber lo que es correcto para nosotros cuando escuchamos nuestros corazones y reflexionamos sobre nuestras elecciones. El Ángel del Discernimiento está ahí para guiar nuestro camino en la toma de las decisiones más sabias.

El discernimiento es la capacidad de conocer en nuestra cabeza y corazón que algo o alguien es adecuado para nosotros. Mucha gente se esfuerza por volver adecuada una situación o una persona en vez de preguntarse si esa persona o situación es lo mejor para ellos. Cuando estamos discerniendo, nos valoramos a nosotros mismos a todos los niveles, y hacemos elecciones que reflejan ese nivel de autovaloración. El Ángel del Discernimiento nos ayuda a ver las cosas claramente, y a expandir nuestra visión más allá de nuestros temores y dudas acerca de nosotros mismos. Nos ayuda a conocer aquello que pudiéramos tener miedo de ver, y nos permite la posibilidad de hacer elecciones inteligentes y de corazón.

Podemos orar al Ángel del Discernimiento para que nos ayude a desarrollar nuestra capacidad de escuchar nuestra voz interior. Esto nos ayudará a escuchar a los ángeles que nos susurran, y a conocer las elecciones correctas que hacer. Una vez que hemos aprendido el discernimiento, los ángeles nos ayudan a abrirnos plenamente a los tesoros de nuestro conocimiento interno. Nunca se arriesgan a exponer al rechazo ese profundo conocimiento interior. El discernimiento protege nuestra sensibilidad más profunda. Los ángeles desean que solo tomemos las decisiones mejores para nosotros.

Querubines: El Ángel del
CONOCIMIENTO

El Ángel del CONOCIMIENTO
MI SENTIDO DE CONOCIMIENTO INTERNO
ME CONDUCE HACIA LA LUZ

Este ángel se muestra con los símbolos de la consciencia y el gozo. Polvo de estrellas es dejado caer de los cielos, la energía del amor. Es la fuente de la inspiración, en la que nuestros deseos y anhelos pueden ser hechos realidad. El ángel sostiene el anillo del conocimiento, del que proviene toda nuestra consciencia.

Reino Angélico
Ángel del Cielo del Paraíso

Función Angélica
Dar a la humanidad el don de su profundo conocimiento

Dones para la Tierra
Puede ayudarte a conocer tu verdad;
a anclar tu consciencia en tu conocimiento más profundo;
a recordarte que siempre sabes lo que es correcto para ti

LOS QUERUBINES

El Ángel del Conocimiento nos ayuda a encontrar y escuchar esa parte nuestra que siempre sabe. Es en este lugar donde somos completamente capacitados e integrales. No es la función de la mente racional que entiende las limitaciones. Es, más bien, algo de nuestra conciencia más profunda que se sintoniza con las vibraciones del cosmos y es profundamente consciente de todas las cosas. Cuando destapamos nuestro conocimiento profundo, sobrepasamos nuestro armazón mental de cómo se supone que es la realidad. Cortocircuitamos nuestras emociones y renunciamos a nuestras actitudes negativas hacia la vida. Este conocimiento profundo proviene de la certidumbre absoluta de quiénes somos, y puede manifestarse en voces o cuadros, o incluso ir más allá de las imágenes, dándonos una experiencia directa del Sí. No depende de situaciones externas o de las imaginaciones de la mente. Es el mensaje más fuerte posible, que brota directamente de nuestra Alma.

Nuestro sentido de conocimiento puede ayudarnos a comprender nuestro propósito al estar aquí sobre este planeta en este momento de conflictos y pugnas. Este conocimiento nos ayuda a aceptar lo que necesitamos hacer para dejar que nuestro potencial se desenvuelva, y hacer las elecciones correctas para nuestra vida. Abarca la consciencia de que el universo es un lugar benigno, que existe para apoyar el que seamos nosotros mismos lo más plenamente posible. Este profundo conocimiento es nuestro enlace directo con la Fuente. Podemos ofrecer nuestras plegarias al Ángel del Conocimiento para que nos guíe y asista para aumentar nuestra capacidad de escuchar nuestro interior. Este nos ayuda a reconocer nuestros estados de ánimo y emociones, y cuando estamos volviendo a poner los viejos discos de cómo ha de ser la vida para nosotros, nos alentará a dejar caer el guión gastado y encontrar lo positivo y gozoso.

El Ángel del Conocimiento representa la claridad total, don dado cuando hemos rechazado actitudes malsanas y perniciosas acerca de nosotros mismos y de nuestros hermanos y hermanas. Una parte de este conocimiento es que somos el amor mismo.

Nuestras oraciones al Ángel del Conocimiento pueden aliviar nuestros temores y ayudar a que nos abramos a nuestro centro, que es amor y Luz. Con el conocimiento podemos experimentar la certeza y saber que somos perfectos a los ojos de Dios.

Tronos: El Ángel de
SER

El Ángel de SER
MI ALMA DESCANSA EN LA VERDAD
DE QUE MI SER ES ETERNO

El Ángel de Ser se ilustra con el símbolo universal del Sí, el mandala. Los dos cálices contienen las energías tanto espiritual como terrenal de la humanidad. El hombre y la mujer que se muestran abajo representan la totalidad y la individuación. El ojo en la parte de arriba es el símbolo del Cielo del Paraíso.

REINO ANGÉLICO
Ángel del Cielo del Paraíso

FUNCIÓN ANGÉLICA
Actuar como los ojos de Dios

DONES PARA LA TIERRA
Puede ayudarte a entrar en contacto con la profundidad de tu ser;
a ser como un cocreador del universo;
a expandir tu sentido personal de bienestar

LOS TRONOS

El Ángel de Ser nos bendice por ser espejos del amor de Dios. Nos ayuda a transformar la realidad en una visión para nosotros en la que nos sentimos amados y apoyados. Ilumina nuestra consciencia de que somos una parte vital de la creación.

Dado que existimos como parte de la creación, no separados de ella estamos facultados para el amor, el respeto y la prosperidad. El Ángel de Ser nos anima a conocernos a nosotros mismos y a entender que, en nuestro núcleo, somos aspectos de la Fuente. Este ángel nos da su asistencia para crearnos un modo de vida simple y realizador. Cuando escogemos el gozo, el amor y la salud, nos movemos en dirección a ser cocreadores del universo. El Ángel de Ser afirma nuestra visión y la bendice. Nos ayuda a crear nuestras vidas usando toda la capacidad de que disponemos para atraer hacia nosotros lo bueno y gozoso.

Tal vez no veamos nuestras vidas como particularmente creativas, sin embargo, todo pensamiento negativo o positivo que tenemos atrae hacia nosotros nuestra experiencia. El Ángel de Ser está trabajando constantemente a través de nuestra mente consciente para ayudarnos a hacer que nuestra realidad sirva a nuestro bien más elevado y a nuestro más grande gozo.

El Ángel de Ser nos enseña la aceptación y el amor a nosotros mismos. Nos ayuda a conocer nuestra propia bondad y la dulzura de nuestra naturaleza interna. Trabajar conjuntamente con él equivale a aceptarnos tal como somos. Significa abrir nuestros corazones a la visión de lo que realmente deseamos ser, un ángel en cuerpo físico.

Podemos orar al Ángel de Ser para que nos ayude a encontrar el valor de disfrutar siendo nosotros mismos. Le pedimos que nos ayude a separar la magnificencia de nuestro ser esencial de los aderezos superficiales del mundo material. Necesitamos saber que no somos el coche que conducimos, ni la casa en la que vivimos, las ropas que vestimos o la pareja con la que dormimos. Nuestra valía no depende de ninguna de estas cosas. Somos valiosos simplemente porque existimos. Somos una expresión única de ser, existente más allá de las identificaciones del ego con el dinero, el trabajo, el sexo, la raza o la edad. Ser verdaderamente es estar en unidad con el espíritu amante y creativo de nuestro interior. Pueda el Ángel de Ser ayudar a unirnos con nuestro verdadero ser.

Tronos: El Ángel del
PODER

El Ángel del PODER
EL PODER DEL AMOR DIVNO
ME PROTEGE Y ENVUELVE

El Ángel del Poder se ilustra como una masa arremolinada de energía entre el mítico caballo Pegaso y una inmensa ballena.
Uno simboliza la transformación de la materia, ligada a la tierra, en espíritu; la otra, la enormidad de la creación natural. Las bellotas muestran que incluso la semilla más pequeña tiene el poder del crecimiento y la creación.

REINO ANGÉLICO
Ángel del Cielo del Paraíso

FUNCIÓN ANGÉLICA
Transformar el amor de Dios en una forma material

DONES PARA LA TIERRA
Puede ayudarte a aceptar el poder de la Fuente; a reconocer tu propio poder de transformación; a aceptar el poder colectivo de cambio que existe en la humanidad

El Ángel del Poder nos aproxima a una comprensión de que el poder de Dios vive dentro de cada uno de nosotros. Nuestro trabajo individual es el de realizar esta verdad en nosotros mismos y reconocer su poder. El Ángel del Poder está ahí para facilitar esta realización y aproximarnos a ser uno con la Fuente.

El poder del amor de Dios puede ser realizado como un concepto espiritual o experimentado como una realidad viviente. Cuanto más hagamos de esta percepción una experiencia viva, más tenderemos un puente sobre la brecha de separación entre nosotros y nuestros hermanos los hombres. A cada individuo corresponde llegar a conocer el poder de su interior y confiar en él. El Ángel del Poder nos ofrece la ayuda que necesitamos para hacer posible esta realización.

Podemos ofrecer plegarias al Ángel del Poder para que aclare nuestras mentes de toda negatividad, la cual bloquea nuestro descubrimiento de que Dios vive en nuestro interior y que no es una proyección exteriorizada y separada de nosotros.

El Ángel del Poder ofrece muchos modos diferentes a través de los cuales podemos llegar a conocer más plenamente el poder que hay dentro de nosotros. En algunos puede ser a través de la meditación; para otros seguir una práctica espiritual, o un tipo particular de trabajo u ocupación; para otros, bajo la forma de la amistad o el compañerismo. Cuando empezamos a seguir lo que nos atrae y a hacer lo que nos da gozo, los milagros se despliegan, y somos llevados a las alturas de la consciencia sobre lo que puede ser la vida.

Podemos ofrecer plegarias de gratitud por este poder. Esto nos ayuda a compartir la bondad y la belleza de la creación, sabiendo que somos uno con este poder y no algo separado de él. El poder de nuestro ser aumenta cada vez que damos un paso en dirección a amarnos a nosotros mismos, honrando quien somos y respetando la Fuente de la vida que hay en nuestro interior. Cada vez que honramos nuestra belleza y gracia y nuestra capacidad de delicadeza, nos colocamos en la luz. Cuando nos abrimos a nuestros sentimientos y nos decimos a nosotros mismos la verdad sobre cómo es la vida para nosotros en un momento concreto, aumentamos nuestro poder y propiciamos nuestro ser. El Ángel del Poder nos desafía cada vez a reconocer nuestro poder y vivir nuestra verdad.

Tronos: El Ángel de la
GLORIA

El Ángel de la **GLORIA**
CANTO ALABANZAS Y GLORIA A
LA FUENTE DE TODA VIDA

Este ángel se muestra como un glorioso estallido de luz celestial. Se le ve junto con algunas de las cosas sencillas de la vida que merecen ser celebradas: el sol naciente, el arco iris, niños bailando. Estos son los disfrutes básicos de la vida, que nos recuerdan la gloria de la creación.

REINO ANGÉLICO
Ángel del Cielo del Paraíso

FUNCIÓN ANGÉLICA
Celebrar la gloria de la Divinidad

DONES PARA LA TIERRA
Puede ayudarnos a celebrar los gozos simples de la vida;
a reconocer toda la bondad que nos rodea;
a dar gracias por todo lo que somos

El Ángel de la Gloria nos ayuda a celebrar las interminables oportunidades de bondad y gozo que existen en nuestras vidas. Nos enseña a ser agradecidos por la belleza y simplicidad de la vida. Realmente nos ayuda a eliminar la tensión y la lucha de nuestra vida viendo lo sencillas que pueden ser las cosas. Este ángel nos dice que la vida puede ser una larga celebración si así lo queremos. Canta alabanzas a la gloria de la portentosa creación de Dios. Podemos sintonizarnos con este encantamiento de belleza y gozo en cualquier momento en que deseemos abrir nuestros corazones. Los esplendores de la vida simplemente se despliegan delante de nosotros. La vida se convierte entonces en un espejo en el que el amor se refleja cuando la vemos a través de los ojos de la gratitud. También significa que estamos enraizados en la realidad aquí-y-ahora de la vida misma.

Podemos ofrecer nuestras plegarias al Ángel de la Gloria para que incluya nuestro agradecimiento en su cántico de alabanza y gozo a la Fuente de la vida. Con nuestros corazones abiertos somos bendecidos; el placer que recibimos al decir «gracias» por la vida es el reconocimiento final de la vida misma. El gozo de la gratitud nutre nuestras almas y nos da el sentimiento de gracia más profundo. Hace muchos años un hombre muy sabio me enseñó a decir: «Gracias por todas las cosas buenas que están sucediendo ahora en mi vida». Cuanto más lo decía, más cosas buenas sucedían en mi vida.

El Ángel de la Gloria nos ayuda a elevarnos por encima de lo mundano hasta un nivel de celebración de la gloria de Dios y el milagro de la creación. Alinear nuestra energía y consciencia con esta gloria es ser parte de ella. Cada uno de nosotros es un aspecto del principio divino de la creación. Es nuestra propia gloria lo que estamos celebrando cuando abrimos nuestros corazones a los ángeles. Estamos alcanzando la gloria del Sí y honrando a la Divinidad cuando nos amamos a nosotros mismos.

— ✳ —

Capítulo Tres

CÓMO USAR LAS CARTAS DE ÁNGELES

Alabados sean por siempre todos los Ángeles

TOBÍAS, 11,5

EL ORÁCULO DE LOS ÁNGELES está destinado a ser sencillo y agradable al uso. Es un modelo del amor y la perfección de los Reinos Angélicos, y te ofrece una relación especial con aspectos de ti mismo de los que puedes no haberte percatado antes. Puede acercarte a los ángeles que te guían y protegen en tu sendero a través de esta vida.

CÓMO PREPARAR LAS CARTAS

Hay algunos aspectos del uso de las cartas que te interesaría conocer antes de empezar. Estas simples acciones ayudan a las cartas a irradiar una fuerte cualidad de amor y devoción. Mantienen limpia y pura la energía que rodea a las cartas.

Considera guardar tus cartas en un lugar especial de tu hogar donde tu energía sea calma y serena. Tal vez desees envolverlas en un trozo de seda o encuentres para ellas una caja especial. Considera ponerlas en o cerca de tu santuario de meditación, o cerca de tu cama. Antes de utilizarlas, enciende una vela y quema incienso para purificar el espacio alrededor tuyo. Los ángeles medran en una atmósfera bella y pueden contactarte mucho más fácilmente si estás en calma y tu espacio purificado.

Tal vez desees sentarte silenciosamente en meditación, sosteniendo las cartas en tus manos y estando con los ángeles de cualquier manera que sientas mejor para ti. Desarrollarás ciertamente tus rituales propios y únicos al emplear las cartas.

Ellos siempre te alentarán a hacer lo que creas mejor para ti. Tal vez quieras tener flores cerca, o poner una música suave mientras haces la tirada sobre una bella tela. La compositora Marcia Hamm ha creado una música de inspiración divina que a menudo pongo cuando trabajo con

EL ORÁCULO DE LOS ÁNGELES. Hay algunas bellas melodías musicales delicadas e inspiradoras que pueden ayudarte a abrir tu corazón a los ángeles.

Haciendo preguntas al oráculo

Puedes hacer a los ángeles cualquier pregunta que sea importante para ti, aunque esta no debería plantearse como para recibir una simple respuesta «sí/no». Las Lecturas de Muestra que doy más adelante te mostrarán el mejor modo de plantear una pregunta. Los ángeles te ayudarán a encontrar claridad y comprensión, y te ayudarán a aumentar tus capacidades intuitivas.

Si descubres que no estás obteniendo las respuestas que deseas, sino que estás recibiendo información que puede estar confundiéndote, «apártate» de las cartas por un rato y reflexiona sobre las respuestas que has recibido. Se requiere un espíritu sosegado para entender completamente la naturaleza reveladora de estas cartas o, a ese respecto, de cualquier otra herramienta adivinatoria. Mantente tranquilo y gentil, y deja que la información se despliegue. No se puede forzar a los ángeles, ni tolerarán exigencias. Si verdaderamente no entiendes las respuestas que aparecen, pide a los ángeles que, por favor, clarifiquen tu lectura de modo que la puedas entender. Date a ti mismo tiempo para reflexionar sobre la información que estás recibiendo. A veces las cosas se aclaran tras dormir por la noche o a través de un sueño.

Tal vez quieras anotar tus lecturas en un Cuaderno de los Ángeles, y estudiar la información que te ha sido revelada. Con el tiempo serás capaz de ver cómo se ha desarrollado esta información. Esto te ayudará a confiar en la cualidad del amor que te es dado a través de estas cartas.

Cómo escoger un tipo de tirada de cartas

Examina cuidadosamente las diferentes tiradas de cartas y lecturas que pueden consultarse para EL ORÁCULO DE LOS ÁNGELES (ver páginas 103-109). Selecciona la que mejor cubra tus necesidades. Tu pregunta puede ser bastante directa, en cuyo caso solo necesitarás una de las lecturas simples (ver las lecturas de la Carta Única, y del Pasado, Presente y Futuro, a modo de ejemplo). Si requieres una respuesta más compleja, puedes escoger una tirada más intrincada de entre la selección dada (ver la lectura de la Cruz Sagrada a modo de ejemplo). EL ORÁCULO DE LOS ÁNGELES está destinado a cubrir una amplia variedad de eventualidades, y a darte una lectura tan a fondo como sea posible.

Los ángeles solo traen energía positiva a tu vida. Estas cartas te permiten considerar una situación o asunto personal de un modo claro y positivo. Confía en tu Yo Superior para que te guíe y para obtener el acceso a los ángeles del modo más verdadero que conozcas.

Interpretación de las cartas

Puedes interpretar las cartas a cualquier nivel que escojas. Puedes abordarlas de una manera tan superficial o tan seria como desees, pero en cualquiera de ambos casos estas cartas serán una poderosa clave para tus procesos emocionales y espirituales más profundos.

Si deseas extraer todo su valor al ORÁCULO DE LOS ÁNGELES, concede una consideración real a las preguntas que planteas a los ángeles. Pide una lectura en nombre de tu bien más elevado y tu gozo más grande. Medita por unos breves momentos con las cartas en tus manos, y mantén en tu mente la pregunta que deseas hacer mientras las barajas y cortas. Obtendrás la mejor lectura posible prestando a tu pregunta atención y concentración. Para obtener la interpretación más profunda y rica a partir del ORÁCULO DE LOS ÁNGELES, centra tu consciencia en la carta y pregúntate qué significa esto para ti en tu vida en este preciso momento. Las situaciones cambian conforme cambiamos nosotros, y cuanto más permitas a los ángeles que te ofrezcan su amor y su curación más fácil y rápidamente te vendrá la inspiración.

Lectura de la Carta Única

Esta es una lectura instantánea para cuando quieres una respuesta rápida y definitiva a una pregunta sobre una situación o sobre un asunto emocional. Simplemente baraja las cartas y córtalas tres veces con tu mano izquierda, manteniendo la pregunta en tu mente. Extrae una carta de cualquier parte del mazo, o coge la carta de encima del mazo.

Confía en ti mismo para escoger cualquier carta que realmente te atraiga. Deja que esta carta represente la respuesta angélica a tu pregunta. Emplea un momento en reflexionar cómo este ángel puede ayudarte en relación con tu pregunta. Deja que la energía venga a tu conciencia. Sabrás lo que los ángeles están diciéndote.

LECTURA DE MUESTRA. Susie deseaba tener una lectura de una sola carta para una decisión que había tomado referente a cambiarse de casa. Preguntó al Oráculo si esto era lo correcto para ella. La carta que sacó fue el Ángel de la Serenidad, de los Poderes del Cielo de la Creación. Ella interpretó que esto significaba que el cambio era una buena decisión y que disfrutaría de serenidad en su nueva morada.

Tirada Ying/Yang (dos cartas)

Cada vez que te enfrentes a una situación dual, o que encares una poderosa paradoja, podrá serte de ayuda esta tirada. Está destinada a que veas a través de la polaridad y la naturaleza dual de una situación o asunto emocional que te aperplejan. A veces deseamos conocer los dos lados de cualquier situación, y esta tirada nos ayuda a ver los principios negativo y positivo, masculino y femenino, oscuro y luminoso que se despliegan en nuestras vidas.

Baraja las cartas y córtalas tres veces con tu mano izquierda, manteniendo la pregunta en tu mente. Ahora pide una carta yin que represente la polaridad femenina/receptiva o negativa de tu situación. Coloca esa carta a tu izquierda.

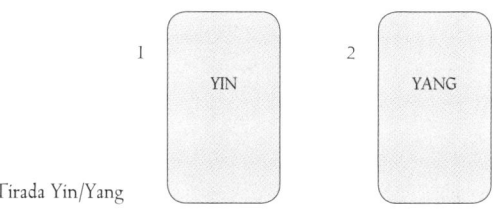

Tirada Yin/Yang

Ahora pide una carta que represente la polaridad opuesta, yang/masculina o positiva de tu situación. Esta carta debería ser colocada a tu derecha.

Si necesitas otro punto de vista, extrae una carta del mazo y deja que represente el aspecto neutro de tu situación, un aspecto que funde sus dos polos opuestos.

Tirada Pasado, Presente, Futuro (tres cartas)

Baraja las cartas y córtalas con tu mano izquierda, manteniendo la pregunta en tu mente. Extrae una carta, que representa el pasado. Colócala a tu izquierda. Extrae una segunda carta, que representa el presente.

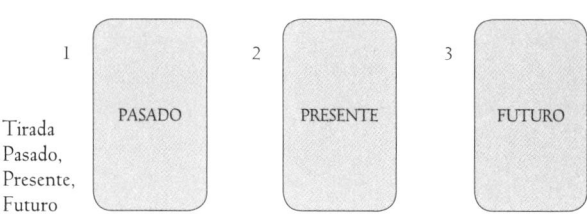

Tirada
Pasado,
Presente,
Futuro

Colócala en medio, entre los espacios del pasado y el futuro. Saca una tercera carta, que representa el futuro. Coloca esta a tu derecha.

Esto debería darte un sentido de continuidad, transformación y resolución, cualquiera que sea tu situación. Cuando trabajes en relación con el futuro, recuerda que has de confiar con los ángeles en que todo emergerá para tu bien más elevado y tu gozo más grande.

LECTURA DE MUESTRA. Jason preguntó al ORÁCULO DE LOS ÁNGELES sobre su futuro con su actual jefe. Hizo una tirada Pasado, Presente, Futuro, que le dio en el pasado al Ángel de la Confianza (de las Virtudes, en el Cielo de la Creación). El Arcángel Rafael en el presente; y el Ángel Guardián de la Madurez en el futuro, ambos del Cielo de la Forma. Interpretó esto como que significaba que el Ángel de la Confianza representaba todas sus aspiraciones acerca del trabajo. Estaba muy feliz al comienzo de su trabajo, y sentía una elevada estima de sí mismo al ser escogido para el trabajo por encima de otros candidatos. Entendió al Arcángel Rafael, que representa el aspecto sanador de la Divinidad, como símbolo de la curación que tuvo lugar mientras asumió la responsabilidad de su nuevo trabajo. Había dejado su casa familiar, estableció su propio hogar, trabajó con éxito durante cinco años y curó su falta de confianza en sí mismo de poder salir adelante en la vida. Leyó al Ángel Guardián de la Madurez como significando que continuaría creciendo a través de su trabajo.

La lectura ayudó a Jason a sentir confianza en que se hallaba en el sendero correcto, y en que realmente estaba haciendo lo mejor para él. Renovó su fe en su trabajo, y le dio también un incentivo añadido para ser creativo en su trabajo.

Tirada Psicológica de las Cuatro Funciones (cuatro cartas)

Esta tirada representa las cuatro funciones de tu constitución psicológica: intelecto, sentimientos, intuición y sensación. Las cartas de esta tirada pueden también representar los cuatro aspectos de cualquier situación y darte un sentido más profundo de las diferentes dimensiones de tu propia situación.

Baraja las cartas y córtalas tres veces con tu mano izquierda, manteniendo la pregunta claramente en tu mente. Saca las cartas una por una y colócalas en el orden que muestra el diagrama. La carta de la izquierda representa tu intelecto, la de la derecha tus sentimientos, la de arriba tu intuición, y la de abajo la sensación.

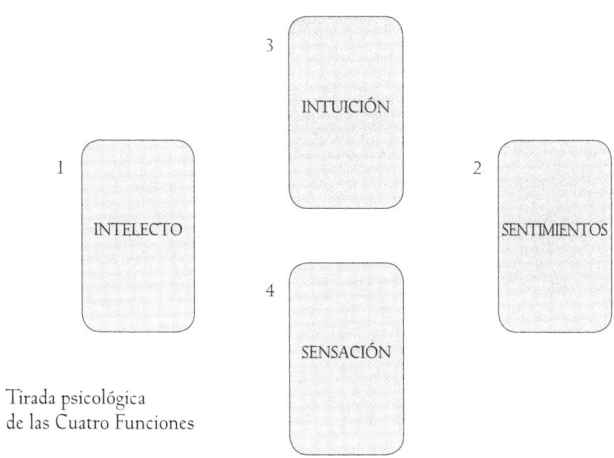

Tirada psicológica
de las Cuatro Funciones

Cuando hayas dispuesto todas las cartas, examina cada una cuidadosamente para ver qué información están dándote los ángeles acerca de estas funciones. ¿Hay partes de ti mismo que pueden necesitar mayor atención y a las que tal vez podrías dar más amor y prestar más atención? Deja que los ángeles te digan cómo pueden ayudarte.

Tirada del Árbol de la Vida (cinco cartas)

Esta es una lectura que toma en cuenta tanto las necesidades de tu Yo Superior como las influencias subyacentes que están operando a un nivel inconsciente en tu situación. La tirada contiene las lecturas de pasado, presente y futuro, pero tiene también la dimensión adicional de ayudarte a ver las fuerzas profundas que están operando.

Baraja las cartas y córtalas tres veces con tu mano izquierda. Mantén la pregunta en tu mente. Saca las cartas y disponlas en el orden que muestra

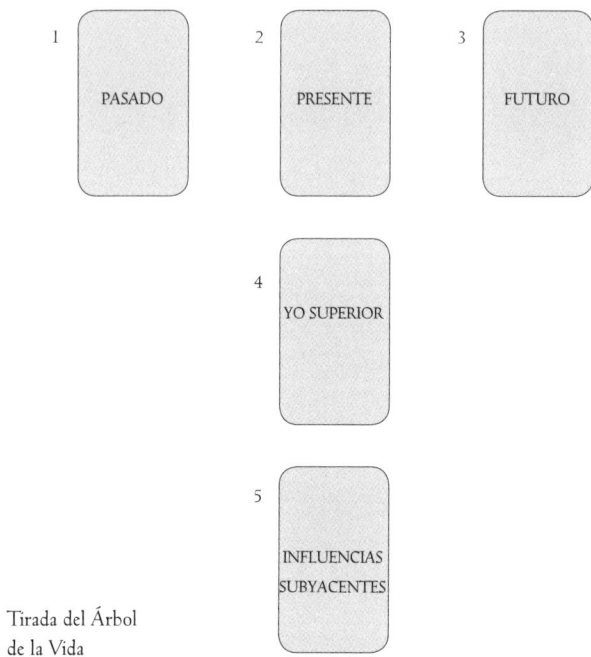

Tirada del Árbol de la Vida

el diagrama. La de arriba a la izquierda representa el pasado; la de arriba en el centro, tu situación presente; la de arriba a la derecha, el futuro. La carta en el centro es tu Yo Superior, y el aspecto de tu psique que crea tu realidad externa, formando situaciones que te permiten crecer y desarrollarte como ser espiritual. La carta de abajo representa las influencias subyacentes que están activas en tu vida en el momento presente, y que están operando en la situación sobre la que has consultado.

Tirada de la Cruz Sagrada (seis cartas)

Esta tirada te permite echar un buen vistazo a cualquier situación.

Es de particular beneficio para ayudarte a ver una pregunta desde diferentes puntos de vista. Puede darte una perspectiva muy buena sobre cualquier situación en la que quieras ver todos los desafíos así como el mejor resultado posible.

Baraja las cartas y córtalas tres veces con tu mano izquierda. Mantén la pregunta en tu mente. Saca seis cartas, una cada vez, según el diagrama. La primera, que va a formar el lado derecho de la cruz, representa el pasado; la segunda, que forma el lado izquierdo de la cruz, es el futuro. La tercera carta, en el extremo inferior de la cruz, es la carta base que representa la piedra angular de la situación sobre la que consultas.

La siguiente carta, que representa a tu Yo Superior, va directamente encima de la carta anterior. Representa tu bien más elevado y tu gozo más grande. La quinta carta, que va encima de la anterior, representa los desafíos a los que te enfrentas en la situación. Los ángeles están compartiendo contigo todo aquello con lo que tendrás que enfrentarte conforme creces y te desarrollas. La última carta va encima de la anterior y representa el mejor resultado posible en la situación.

LECTURA DE MUESTRA. Emma estaba teniendo problemas en sus relaciones. Pidió una lectura capaz de proporcionarla algún discernimiento sobre su vida y que indicase específicamente si su relación iba a durar.

Escogió hacer la lectura de la Cruz Sagrada y este fue el resultado: sacó al Arcángel Metatrón en el lugar del pasado, y al Príncipe Angélico del Norte para representar el futuro, ambos del Cielo de la Forma. La tercera carta que extrajo fue de las Virtudes, del Cielo de la Creación, el Ángel de la Fe en el lugar de la carta base.

La carta que tomó para el Yo Superior fue de los Poderes, también del Cielo de la Creación, el Ángel de la Paz. La quinta carta, que representa el desafío al que se enfrentaba, fue uno de los Serafines del Ciclo del Paraíso, el Ángel del Amor Eterno. Y como última carta, que representa el mejor resultado, seleccionó otro Poder, el Ángel de la Armonía.

La interpretación que eligió por sí misma fue que Metatrón expresaba su necesidad de reconocimiento, la cual fue para ella una causa profunda y subyacente al comienzo de su relación. Es el Arcángel que representa nuestros buenos actos. Emma creyó haber hecho mucho por rescatar al principio a su novio, en la esperanza de ser reconocida por él como una buena persona. No estaba muy segura de sí misma y estaba siempre tratando de ser servicial.

El Príncipe Angélico del Norte, que se hallaba en el lugar de la carta del futuro, representa la función psicológica del pensamiento. Ella interpretó que esto significaba que necesitaría desarrollar su capacidad de pensar por sí misma en la relación, y no ser tan dependiente de que su pareja tomara decisiones por ella. Entendió que esto significaba que necesitaba pensar qué es lo que ella quería de la vida.

La carta base fue una de las Virtudes, el Ángel de la Fe. Consideró que esto significaba que, incluso si había áreas ásperas en la relación, incluso si ella y su pareja se separaban, necesitaba tener fe en que su vida estaba desenvolviéndose para su bien más elevado.

Sacó al Ángel del Amor Eterno, de los Serafines, en el lugar del desafío de la vida al que se enfrentaba. Entendió que esto significaba que, pasara

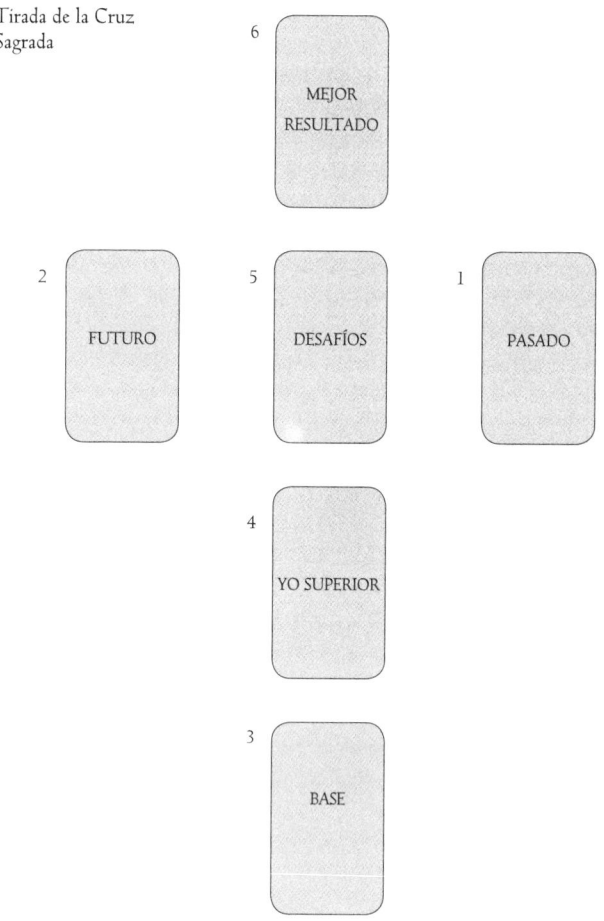

lo que pasara, ella reconocía que su pareja era un aspecto de su desarrollo y que el amor que compartieron sería siempre una parte de su vida.

De los Poderes, sacó al Ángel de la Armonía como el mejor resultado posible. Comprendió al sacar esta carta que ella y su pareja no estaban compartiendo una vida armoniosa juntos, y que esto es lo que ella realmente deseaba de su relación.

Creyó que la lectura le daba una comprensión más profunda de su propio proceso interno de desarrollo, y le mostraba en qué dirección podía confiar en desarrollarse ella misma. Dijo que se sintió notablemente en calma al final de la lectura, y que esta alivió mucha de su ansiedad acerca de la relación.

Tirada del Zodiaco (trece cartas)

Esta tirada utiliza las doce casas del Zodiaco. Te proporciona un escenario de fondo para que veas dónde te hallas en términos del desarrollo holístico

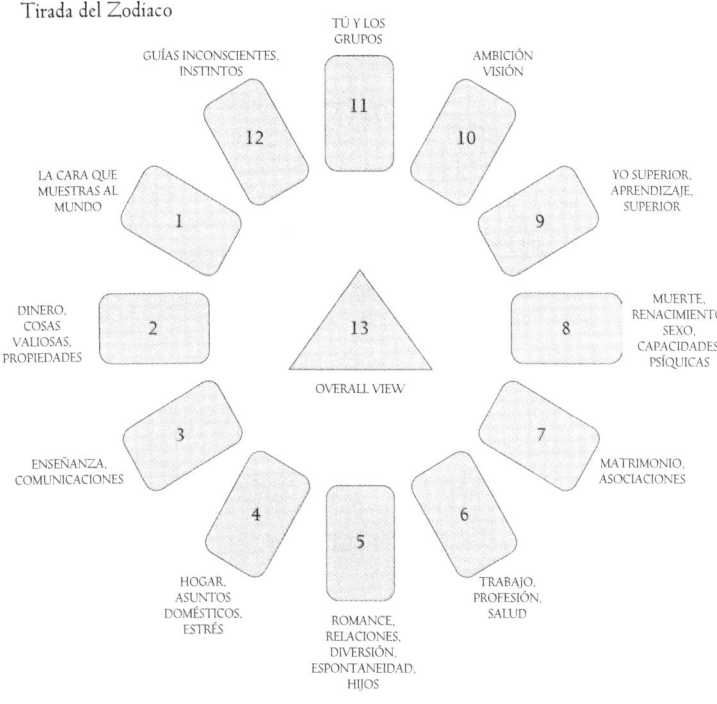

Tirada del Zodiaco

de la vida. Lo considera todo, desde el dinero y las relaciones hasta la etapa en que te hallas en tu crecimiento espiritual.

Antes de que barajes las cartas tal vez desees meditar sentándote en una postura cómoda con los ojos cerrados, reflexionando sobre tu vida. Baraja las cartas y córtalas tres veces con tu mano izquierda. Mantén tu pregunta mientras sacas una carta al tiempo que pides a los ángeles la mejor lectura posible para ti justo en este momento de tu vida. Coloca la carta en la posición de la casa del Zodiaco que representa. La primera carta irá en la primera casa, la segunda carta en la segunda casa, y así sucesivamente. El diagrama ilustra lo que representa cada casa. La carta número trece proporciona una visión de conjunto de tu vida tal como se halla en este momento.

Conclusión

Tanto si usas una sola carta como si usas una docena, los mensajes procedentes de los ángeles están ahí para tu iluminación, así como para tu placer. Trata de recordar que los ángeles solo te desean gozo y paz en tu vida. Ellos ofrecen todas las posibilidades del amor que buscamos con el mínimo de lucha o dolor. Crea para ellos la oportunidad de traer gozo a tu vida. Deja que estas cartas actúen como una herramienta curativa para que encuentres tu bien más elevado y tu gozo más grande.

EL ORÁCULO DE LOS ÁNGELES es un don único del reino de los ángeles. Puede proporcionarte guía y fomentar tu desarrollo como el ser espiritual que eres. Trabaja con los ángeles a través de las cartas para desarrollar tu propio sentido de lo que es correcto y bueno para ti. Abre tu corazón al bien que puede ser canalizado a través tuyo. Una joven amiga, Terry Logan, de doce años, me dijo que amaba a los ángeles porque eran absolutamente inofensivos. Ella, como mucha gente hoy en día, tiene una naturaleza muy sensible y está en contacto con dominios de consciencia profundamente conmovedores y espirituales.

Allana tu camino hacia la realidad de los ángeles a través de las cartas. Confía en que tu propia naturaleza interna se despliegue para ti conforme te vas sintiendo cómodo en tu meditación sobre las cartas de los ángeles. El consejo y la ayuda que puedes obtener trabajando con las cartas pueden ayudarte a transformar directamente aspectos de tu vida que te producen ansiedad o infelicidad.

Buscamos información a través de nuestra intuición, que nos permite tomar decisiones conscientes y saludables. Los ángeles están ayudándote siempre en tu vida. EL ORÁCULO DE LOS ÁNGELES es un vínculo visible con ese mundo de apoyo, amor y guía que aguarda tu reconocimiento consciente.

Lecturas Sugeridas

Boros, Ladislaus: *Ángeles y hombres* («Angels and Men», Search Press, Londres, 1974).

Burnham, Sophy: *Un libro de ángeles* («A Book of Angels», Ballantine Books, Nueva York, 1990).

Connolly, David: *En busca de los ángeles* («In Search of Angels», Perigee Books, Putnam Publishing, New York, 1993).

Davidson, Gustav: *Un diccionario de ángeles* («A Dictionary of Angels», The Free Press, Macmillan, New York, 1967).

Mallasz, Gitta: *Hablando con ángeles* («Talking with Angels», Diamon Verlag, Switzerland, 1992).

Moolenburgh, H. C.: *Un manual de ángeles* («A Handbook of Angels», C. W. Daniels Company, Saffron Walden, 1988

Moolenburgh, H. C.: *Encuentros con ángeles* («Meetings with Angels», C. W. Daniels Company, Saffron Walden, 1992).

Steiner, Rudolf: *Las jerarquías espirituales* («The Spiritual Hierarchies», Anthroposophic Press, New York, 1970).

Synnestvedt, Sig: *El Swedenborg esencial* («The Essential Swedenborg», The Swedenborg Foundation Inc., New York, 1970).

Szekely, Edmond Bordeaux: *El Evangelio de los esenios* («The Gospel of the Essenes», C. W. Daniels Company, Saffron Walden, 1979).

Taylor, Terry Lynn: *Mensajeros de la luz* («Messengers of Light», H. J. Kramer, Inc., Tiburon, California, 1990).

Taylor, Terry Lynn: *Guardianes de la esperanza* («Guardians of Hope», H. J. Kramer, Inc., Tiburon, California, 1992).

Taylor, Terry Lynn: *Creando con los ángeles* («Creating with the Angels», H. J. Kramer, Inc., Tiburon, California, 1993).

Agradecimientos

Mi más profundo agradecimiento a los ángeles que velan por mí y que me guiaron a crear el Oráculo. Sé que en el curso de la escritura de este libro ha habido muchos sucesos y circunstancias en los que se me han confirmado el amor y el apoyo tremendos que traen.

Gracias a Susan Mears, mi agente, por sus ideas para el Oráculo. El equipo en Eddison Sadd Limited ha sido a la vez comprensivo y respetuoso con este proyecto, y ha sido un auténtico placer trabajar con ellos. Gracias a Ian Jackson por su guía y a Nick Eddison por su capacidad de llevar a cabo el proyecto. Quisiera dar las gracias a Elisabeth Ingles, por componer el texto y a Warren Maddill, por su bello trabajo artístico.

Mi amor y agradecimiento a Charlie Moritz, por leer el manuscrito y proporcionar ayuda y apoyo en todo momento. Gracias a su padre, Ernest, que encontró muchas de las bellas oraciones judías citadas en el Oráculo.

Entre mis amistades, un agradecimiento especial a Lady Mary Jardine, y a Dale Culliford y Patrick Gundry-White, por sus excelentes lecciones semanales de la Técnica de Alexander, y por proporcionar los libros adecuados en el momento oportuno para ayudarme en mi investigación sobre los ángeles.

Mi amor al espíritu de mi abuela que sé que vela por mí, y a mi madre y a mi hermana, que descansan con los ángeles. Dios nos bendiga a todos.